GÜTERSLOHER
VERLAGSHAUS

Matthias Morgenroth

JÖRG ZINK
Eine Biographie

Gütersloher Verlagshaus

INHALT

EINLEITUNG

Ein weites Herz

Wildschwein, sagt er. Das sei sein Lieblingstier. Kein Schäfchen oder Esel, wie man bei einem bibelfesten Pfarrer vielleicht vermuten könnte. Wildschwein, sagt Jörg Zink. Damals, kurz vor seinem 80. Geburtstag, habe ich ihn danach gefragt. Wildschwein – das sei doch eigentlich kein ausgesprochen passendes Lieblingstier für einen Pfarrer. Und wie immer, wenn er ein Bild für sich in Anspruch nimmt, kann er es mit eigener Erfahrung füllen: Jörg Zink hat unglaublich viele Erfahrungen in seinem langen Leben gemacht, und er hat sie sich bewusst gemacht. Seine Erfahrung mit Wildschweinen erzählt er mir folgendermaßen: »Ich habe beim Zelten als junger Mensch gelegentlich aus Versehen auf einem Wildschweinpfad geschlafen, und ich habe erlebt, wie die Wildschweine mein Zelt beinah umgerissen haben. Und da habe ich eine große Sympathie für diese Tiere gefasst, die da durchs Unterholz preschen, immer die Nase am Boden.«

Jörg Zinks Arbeitszimmer in Möhringen bei Stuttgart liegt selbst unten, im Souterrain, erdverbunden. Mit Büchern ausgetäfelt. Mehrere Schreibtische, um die Arbeit möglichst effektiv und gründlich erledigen zu können: Einen für die täglich zu erledigende Arbeit, für Koordination und Organisation, einen für dasjenige Projekt, das als Nächstes fertiggestellt werden muss, und einen für die Entwicklung neuer Ideen. Sein persönliches Unterholz. Wie gemacht für einen, der Wildschweine mag.

So sollen doch Pfarrer sein, so sollen doch Menschen sein, die dieser »schmalen Gestalt« des Mannes aus Nazareth folgen, Menschen, die sich von Gott geliebt und damit in diese Welt geschickt wissen, sagt Jörg Zink, und wieder bin ich fasziniert von der Treffsicherheit, Klarheit und dem Unkonventionellen dieses Mannes mit den weißen Haaren und den buschigen Augenbrauen: »Ich stelle mir einen Pfarrer so vor, dass er nicht irgendwo herumfliegt, sondern mit der Nase am Boden wie ein Wildschwein durch das Unterholz trabt, dort wo die Menschen sind. Und dass er sich im Unterholz nicht von einer großen Organisation leiten lässt, sondern wie ein solches Wildschwein seinen eigenen Weg suchen muss und ihn dann auch konsequent geht.« Einen Weg zum Leben. Einen Weg zu dem, den wir Gott nennen. Einen spirituellen Weg für Fußgänger, nicht für Überflieger, nicht für Meister. Einen Weg für dich und mich.

Nach und nach fällt mir es erst auf, hier im Souterrain, in Jörg Zinks Denkgehölz, wie selbstverständlich präsent er war in der Kirchengemeinde, in der ich aufgewachsen bin, in meiner Familie, in meinem eigenen Glaubensleben – mir, dem 50 Jahre Jüngeren. Kleine Zink-Bücher in allen Farben am Bücherstand, zigmal verschenkt an Weihnachten, manchmal halbspöttisch mit dem Etikett »kitschig« und »was Frommes« versehen. Meine Eltern, die das »Wort zum Sonntag«

im Fernsehen nicht verpassen wollten, damals, als es um die Pershing II und den Nato-Doppelbeschluss und irgendwie auch um Leben und Tod ging. Ein Schwarz-Weiß-Film über das Abendmahl, den wir im Konfirmanden-Unterricht von einem surrenden Projektor aus an die Wand geworfen bekommen haben und in dem ein noch längst nicht weißhaariger Pfarrer mit schwäbischem Akzent uns 13-Jährige anhand von Michelangelos Abendmahlsdarstellung in die biblische Welt hineingenommen hat. Eine Schallplatte, die läuft, während wir die Beerdigung eines Freundes vorbereiten, und auf der der Liedermacher Siegfried Fietz den aaronitischen Segen vertont hat, den Jörg Zink neu interpretiert hat. »Die letzten sieben Tage der Erde«, ein tief aufrüttelnder Text über die Selbstabschaffung des Menschen aus meinem Religionsbuch, Autor wieder Jörg Zink, den ich mir schon als Kind immer wieder vorgetragen habe, sozusagen als persönlichen Klagepsalm. Später dann einige Gespräche auf Kirchentagen, Interviews, die ich für den Hörfunk aufgenommen habe. Was mögen andere mit ihm verbinden? Ich höre, dass viele Jörg Zink auf ihre Weise kennengelernt haben und ihre ganz persönlichen Geschichten mit ihm assoziieren. Und ich höre, dass er vielen Mut gemacht hat.

Über einen zu schreiben, der selbst mit klarer, treffsicherer und poetischer Sprache sehr viel Autobiographisches zu Papier gebracht hat, mag vielleicht überflüssig erscheinen. Aber gerade weil die Zahl der Bücher in seinem langen Leben beinah ins Unüberschaubare gewachsen ist, könnte doch, so un-

Jörg Zink in seinem Arbeitszimmer Mitte der 1970er Jahre.

sere Hoffnung, ein weiteres Buch, dieses nämlich, Türöffner sein. Türöffner zum Weiterlesen in eine weite Gedankenwelt. Eine der weitesten, denen ich im Raum der Theologien der Gegenwart begegnet bin. Jörg Zink hat, auch nachdem er sich von seinen öffentlichen Auftritten zurückgezogen hat, sehr viel zu sagen, für Menschen, die auf der Suche sind nach einem glaubwürdigen Christentum, nach eigenen, begehbaren Wegen zeitgemäßer Spiritualität, nach einer zukunftsfähigen Kirche, nach einem Dialog der Religionen, nach

Jörg Zink in seinem Arbeitszimmer 2012.

Auswegen aus einer globalen Krise der Zerstörung der Welt, nach neuen Bildern von Religion, Christentum, Kirche, Gott, Jesus, Geist.

Drei Kreise wird dieses Buch ziehen, um im Spiegel einer aufregenden Lebensgeschichte nicht weniger aufregende Gedanken über Gott und die Welt zusammenzustellen. *Erstens*: Die Erfahrungen der Kindheit und Jugend Jörg Zinks führen direkt zu den Büchern des Alters, die sich unter dem Stichwort »Mystik« um ein großes Thema herum versammeln: Wie kann Gott als ein lebendiger, erfahrbarer, naher, heutiger Gott beschrieben werden? Denn die alten Bilder von Gott sind zu klein geworden. *Zweitens:* Die Erfahrungen und Begegnungen des Krieges lassen Jörg Zink auf eine sehr neue, direkte Art nach Jesus fragen, nach dem Urbild für ein Leben in Frieden und Gerechtigkeit. Jörg Zinks Mystik ist eine politische, und sein Leben ein sehr politisches. *Drittens:* Die vielfältigen Arbeitsfelder als Pfarrer, die Konsequenzen aus beiderlei Denken, dem mystischen und dem politischen, haben Jörg Zink immer in die Öffentlichkeit geführt, als Medienpfarrer genauso wie als Bibelausleger auf dem Kirchentag. Ein dritter Kreis widmet sich daher seinem öffentlichen Wirken und einem sehr praktischen theologischen Denken und führt zu der Frage, wie denn heutiges Reflektieren über Religion mit dem modernen Weltbild wieder zusammengedacht werden kann. Anders gesagt: Der erste Teil umkreist neue Bilder von Gott, der zweite Teil das Zentrum der Verkündigung Jesu, der dritte den Geist, den das dritte christliche Jahrtausend braucht.

Jörg Zink hat auf seine Weise und mit den unterschiedlichen Medien, die er sich zu eigen gemacht hat, unzählige Menschen geprägt und er hat damit auch ein Stück protestantischer Kirchen- und Theologiegeschichte geschrieben. Nicht als Lehrstuhlinhaber. Nicht als Bischof in Amt und Würden. Sondern als einer, der sich in aller Freiheit über Gott und die Welt Gedanken macht, in der Freiheit, die viele in den Amtskirchen vermissen. Als einer, der selbst ein Suchender

geblieben ist. Der weiß, dass es auch gar nicht anders sein kann.
Natürlich war er dadurch seiner Kirche oft unbequem. Er hat sich eben bei den vielen unterschiedlichen Tätigkeiten und durch seine vielen theologischen Gedanken weniger von ihr, sondern vielmehr von ihrem Gründer leiten lassen, von Jesus. Und von seinen eigenen Erfahrungen und seiner eigenen Vernunft. Davon ausgehend hat er seinen Weg gesucht. Er hat dabei ausgesprochen, was viele und zunehmend mehr Menschen denken, was aber in »der Kirche« in »der Theologie« nicht oder nur hinter vorgehaltener Hand zu hören ist: Warum soll man denn mit der Bergpredigt nicht die Welt gestalten können? Mit welcher Chuzpe setzt man sich denn in den Kirchen über die Weisungen hinweg, die Jesus den Menschen mitgegeben hat? Warum soll man denn, wenn Gott ein Gott aller Menschen ist, annehmen, er sei nur den Christenmenschen nahe – und den anderen Religionen die Wahrheit absprechen? Warum soll man denn, wenn Gott ein lebendiger Gott ist, annehmen, er habe nur damals zu biblischen Zeiten zu den Menschen gesprochen – und sei nun verstummt? Was ist denn mit der eigenen religiösen Erfahrung? Und warum sollten die verfassten Kirchen, die spat, sehr spät entdeckt haben, dass die Aufgaben des 21. Jahrhunderts Gerechtigkeit, Frieden und Bewahrung der Schöpfung lauten, warum sollten sie meinen, sie seien mit dem Programm weltweit glaubwürdig? Stand das christliche Abendland, standen Kirchen unterschiedlicher Konfessionen nicht

jahrhundertelang für das Gegenteil: für Krieg, Ausbeutung und Zerstörung der Welt?

Zum *Wildschwein* kommt noch ein zweites Lieblingstier Jörg Zinks – die *Wildgans*. Und beide zusammengenommen sind wunderbare Bilder für zwei sich inspirierende Seiten eines außergewöhnlichen Mannes. Das Wildschwein, so könnte man sagen, steht für eine erdverbundene Arbeit im mehrfachen Sinn: für ein radikales Eintreten für unsere Erde; für eine Ethik, die nichts vorgibt außer dies: vom hohen Ross herabzusteigen, um unten, am Boden, zum Mit-Menschen zu werden; für die Kraft von unten, aus dem Unterholz, die notwendig ist, um die Welt zu verändern. Und die Wildgans zeigt den weiten Freiheitsraum seines Denkens; den Raum der religiösen Erfahrungen; die Grenzüberschreitung in jede Richtung, die er gewagt hat und durch die er für manche – eben auch für manche Theologen – zum Ärgernis geworden ist.

Grenzüberschreitend waren auch Jörg Zinks Arbeitsfelder. Seine Kanzeln waren die Kirchentage, war das Fernsehen, waren Filme, die er gemacht hat, war das »Wort zum Sonntag«, das ihn für Jahrzehnte zu Deutschlands bekanntestem Seelsorger gemacht hat, waren die Bücher, in denen er immer wieder, aber immer wieder neu Themen umkreist, mit denen sich spirituell Suchende, selbstdenkende Christen auseinandersetzen: Wie können wir beten, wenn wir es eigentlich nicht (mehr) können? Wie können wir feiern, wenn wir die Gottesdienste nicht mehr als frohes Fest erleben? Wie können wir die Bibel lesen, wenn uns die Texte abgestumpft erscheinen? Wie Erfahrungen mit Gott machen? Wie Ökumene leben? Lieben? Trauern? Wie andere Religionen als Partner verstehen?

Jörg Zinks Arbeitseffektivität haben viele bewundert. Sein Arbeitstag begann stets um 4 Uhr früh, vor dem Frühstück, bevor die vier Kinder und seine Frau Heidi aufwachten, bevor Telefon und Post ihn ablenken konnten. Sein Tagesablauf war strikt geplant, um die Zeit möglichst optimal zu nutzen: Weiterarbeiten bis zum Mittagessen, dann ein Mittagsschlaf, bei dem ihn keiner stören durfte, dann weitere Arbeit bis in den frühen Abend hinein, wechselnd zwischen den Schreibtischen, unterbrochen durch Besuche von Mitarbeitern oder auch Ratsuchenden oder durch andere Arbeiten in Haus, Werkstatt und Garten. Man könnte sagen: Jörg Zinks Produktion funktionierte wie eine kleine, flexible, möglichst effektive Fabrik. Über 250 Einzeltitel zuzüglich Audio, Video und E-Books sind entstanden, viele sind in mehrere Sprachen übersetzt worden. Die Bibel hat Jörg Zink neu übertragen, um jenseits der kirchlich eingebürgerten Sprache die Botschaft Jesu wieder lebendig werden zu lassen – Mitte der 60er Jahre wurde ein solches Unterfangen als Sakrileg an Luthers prägender Sprache harsch angefeindet. Gebete für Kinder und Familien hat er geschaffen, damit Beten nicht ein Nachplappern leerer Formeln ist. Er war einer der wichtigen Sprecher der Friedensbewegung, als man ziemlich real und sehr bedrohlich in militärischen Planspielen Europa zum

Schauplatz eines Atomkriegs machte. Er war einer der allerersten, die den Ruf »Schöpfung bewahren« als unbedingte, existentielle und religiöse Forderung formulierten, soll der Planet Erde überlebensfähig bleiben. Und in den vergangenen 30 Jahren hat er schließlich immer wieder für beide geschrieben, für die *Zukunft des Christentums*, das anders werden muss, ganz anders, soll es glaubwürdig überleben, und für den *Einzelnen*, der sich selbst und seiner Erfahrung trauen lernen soll, auf dass die Welt nicht untergehe. Für eine Kirche ohne Gerede von einer einzufordernden angeblich christlichen Moral, ohne Profilneurose und Abgrenzungsdiskussionen zwischen den Konfessionen und Religionen, ohne ängstliches Auslegungsmonopol des angeblichen Willens Gottes, von dem man ach so viel zu wissen meint. Und für den Einzelnen, der selbstbewusst, aufrecht unter dem Himmel, seine spirituelle Kraft suchen und finden muss, der wissen muss: Auf ihn kommt es an, nicht auf irgendwelche Oberen. Und der, auf diese Weise befähigt und mit der Geistkraft des Lebendigen verbunden, loszieht, die Welt zu ändern, auf dass sie nicht untergehe.

Jörg Zink ist ein Anfänger gewesen – und geblieben. Das ist wohl eines seiner Geheimnisse. Er war ein Pionier in den Arbeitsfeldern, die er beackern durfte. Er hat miterfunden, wie Film und Religion zusammengehen könnten. Er hat mit Langspielplatten und Fotos experimentiert, den religiösen Buchmarkt über Jahrzehnte geprägt. Er ist Gründungsmitglied der Grünen. Er ist immer schon weiter, in Gedanken

weiter, als es das behäbige theologische Nachdenken an den Universitäten erlaubt. Er ist dadurch ein Kirchenkritiker, der darin aber nicht bei Vorwürfen endet, sondern weiterschreitet, im Bewusstsein, selbst Kirche zu sein. Auf niemanden warten zu müssen. Auf keinen Bischof. Keinen Theologen. Und schon gar keinen Papst. Die Kirche besteht aus Laien, einfach aus Menschen, das sagt er immer wieder. Und deswegen werde er zu jeder Art von Leitung einer Kirche immer ein distanziertes Verhältnis haben. Weil jede Führung Rücksicht nimmt auf das Bedürfnis der Menschen, eine Autorität vor sich zu sehen und einer Autorität zu gehorchen. Dann aber gehorche man einer Kirchenleitung – und nicht dem, was wir von Jesus Christus hören. »Dann steht der Bischof an der Stelle des Christus, und das ist gefährlich. Denn bis jetzt hat niemand kühnere Gedanken über die Gotteserkenntnis gesagt als Jesus. Und er geht uns mehr an.«
Jörg Zink, der Mystiker, der politische Theologe, der Jesus-Anhänger, Jörg Zink, der Seelsorger, Pfarrer, Dichter, Ratgeber, Prediger, Maler, Fotograf, Schreiner, Bastler, Gärtner und Vater – was wäre er auf diesem seinem Weg gewesen ohne die leise Liebesgeschichte, die sich im Hintergrund seiner Arbeit immer auch erahnen lässt. Jörg Zink hat vielen mittelalterlichen Mystikern, mit denen er im geistigen Austausch ist, eine Erfahrung voraus, eben diese Liebesgeschichte mit seiner Frau Heidi. Er ist geerdet im Hier und Jetzt, im Familienleben, mit Kindern und Enkeln gesegnet, mit einem geliebten Menschen gemeinsam auf dem Weg

durch die Jahre. Heidi und Jörg Zink sind über Jahrzehnte gemeinsam unterwegs gewesen, sie hat ihn begleitet, von Podium zu Podium, in die Wüste, zum Meer, in seine Denk- und Erfahrungsräume. Wohl kaum ein Text ist entstanden ohne ihr Gegenüber und ihr Denken im Dialog. Beide sind sie gemeinsam alt geworden – und beide leuchten, strahlen eine Kraft aus, die auch eine gemeinsame ist. Jörg Zink ist eben ein Mensch in Beziehung in jeder Hinsicht, und seine Theologie ist eine Theologie der Beziehung zu Himmel und Erde.

Wie sollen nun die Beziehungen, Gedanken und Erfahrungen dieses Mannes, die er selbst in so vielen Büchern verdichtet hat, noch einmal komprimiert werden können auf 200 Seiten? Ich will versuchen, einige wichtige Bilder nachzuzeichnen, Lebensbilder aus der Kindheit, aus der Welt des Krieges und aus einem Leben als öffentlich agierender Theologe. Und zugleich Verbindungslinien ziehen zu Jörg Zinks zentralen Gedankengängen. Es sind Erfahrungen und Schlussfolgerungen aus neun Jahrzehnten.

1. UNTER DEM HIMMEL. BILDER DER KINDHEIT – THEOLOGIE DER MYSTIK

Wegweiser. Erinnerungen an einen Traum

Manche Wege gehen nicht zu Ende, jedenfalls nicht auf dieser Erde. So schreibt Jörg Zink über seine Eltern. Seine Mutter stirbt, als er zwei Jahre alt, sein Vater, als er drei Jahre alt ist. Manche Wege gehen nicht zu Ende, jedenfalls nicht auf dieser Erde, sie sind *Wege, die alles feste Land zurücklassen.*[1]

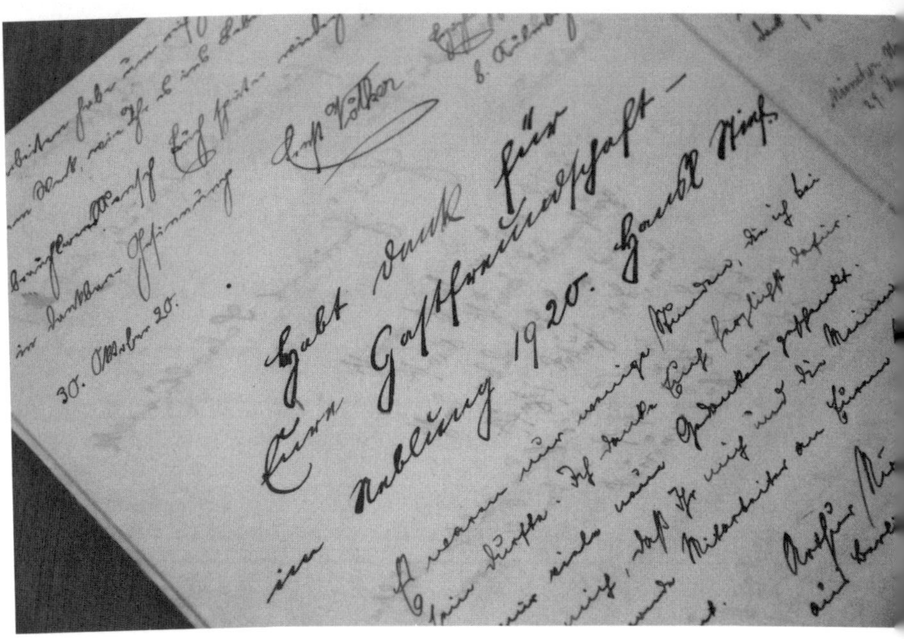

Das Gästebuch auf dem Habertshof.

Und dennoch, so staunt er selbst im Rückblick, ist Jörg Zink den Wegweisern gefolgt, die seine Eltern gesetzt haben – mit traumwandlerischer Sicherheit, im Bewusstsein einer Verbindung, die eben weiter reicht als die Grenzen dieser Welt. Jörg Zink kommt am 22. November 1922 auf die Welt. Getauft wird er eigentlich auf den Namen Georg, genannt Jörg. Er wird in eine Utopie hineingeboren. In einen Traum von einer besseren Welt, den seine Eltern Maria Zink, geborene Geiger (1893–1925), und Max Zink (1892–1926) zu leben versuchten und an dem sie scheiterten.

Der Habertshof: Sechs Jahre lang die Heimat der Familie Zink.

Sein Geburtshaus ist der »Habertshof«, ein Bauernhaus ohne Strom und ohne Wasseranschluss im hessischen Bergland bei Schlüchtern, zwischen Spessart und Rhön. Seine beiden Eltern hatten dort 1919, nach dem Ersten Weltkrieg, Land und Haus gekauft und eine Lebensgemeinschaft auf christlicher Basis gegründet, wie manche andere in diesen Jahren auch. Ein Bruderhof, ein freiheitliches Haus, in dem die jungen Leute ein besseres Leben ausprobieren wollten, weitgehend ohne eigenen Besitz, frei von Rollenklischees und voller Zukunft im Herzen. *Sie suchten nach dem ungeheuren Zusammenbruch alles dessen, was bis dahin als selbstverständlich gegolten hatte, nach einem Anfang, der etwas ganz Neues bringen sollte. Frieden zwischen den Völkern suchten sie und ein Ende des militaristischen Denkens in unserem Land. Einen behutsameren Umgang mit der Erde, einen freundlicheren und lebendigeren. Eine veränderte, lebendigere Kirche, die sich in kleinen Gemeinschaften bilden sollte und ihre verhängnisvolle Bindung an den Staat aufgeben würde.*[2] Dazu veranstalteten sie Seminare in ihrer »Heimvolkshochschule« und wollten mit einem kleinen Verlag, dem Neuwerk-Verlag, an die Öffentlichkeit gehen, um sich mit Gleichgesinnten, vor allem des linken politischen Spektrums, zu vernetzen. Jörg Zink hütet ein Gästebuch seiner Eltern, dort stehen die Namen von Schriftstellern und Verlegern wie Otto Salomon oder Eugen Diederichs, der Name des Jugendstilmalers Heinrich Vogeler ist dort genauso zu finden wie der von Martin Buber, Karl Barth,

Günther Dehn, Karl Heim und Paul Tillich. Das Leitwort auf dem Habertshof ist ein Satz aus der Apostelgeschichte gewesen: »Sie hatten alle Dinge gemeinsam ...« Im Herzen trugen sie eine große Zukunft, und dass manche Wege hier auf Erden nicht zu Ende gegangen werden können – das nahmen sie in Kauf. Denn die Neuwerk-Bewegung verlor schon in den späten 1920er Jahren im politischen Streit und der Weltwirtschaftskrise ihre Ausrichtung und Bedeutung. Jörg Zink hat keine Erinnerung mehr an seine Mutter, und an seinen Vater nur eine einzige, blasse, träumerische. Wie er, der Vater Max, den drei Söhnen eine Blume zeigt, irgendwo im Wald, eine blaue wohl. Und doch ist es, als sei Jörg Zink auf den vielen Wanderwegen, die er sich selbst als Kind und Jugendlicher in den Wäldern und an den Seen der Schwäbischen Alb gesucht hat, auf den Wegen durch die Schrecken des Zweiten Weltkriegs, den Erfahrungen des Abstürzens und der Bewahrung, des Zerbrechens und der Ganzheit, in den Wegen durch Dichtung, Philosophie und Theologie, auf seine eigene Weise Wanderer in den Träumen seiner Eltern geblieben, unterwegs auf der Suche nach einem Paradigmenwechsel, nach neuem Denken, neuem Leben, neuem Glauben, auf die sich schon seine Eltern gemacht haben. Nach einem Denken, das nicht zerstört, sondern heilt. Das nach Gemeinschaft und Frieden drängt. Das Kindern und Jugendlichen Kraft und Weisheit zum Leben weitergeben will und damit durchaus pädagogisch geprägt ist. Und das Religion so versteht, dass sie nirgendwo anders zu finden ist als im Hier und Jetzt, im eigenen Leben, in dem Wagnis, die Welt als großen, guten Zusammenhang der Liebe zu verstehen.

Und das alles versehen mit einem großen Dennoch. Mit einem Trotzdem. Denn Jörg Zink wird in eine Welt *scheiternder* Träume hineingeboren, und es gehört allerhand Trotz dazu, sie trotz allem als eine lebensfreundliche zu begreifen. *Jedenfalls war mir das Trauma, das der Tod meiner Mutter in meiner Kindheit mir zugefügt hat, lebenslang der Quellort für alles, was wirklich aus mir selbst kam an Gedanken und an Kräften. Auch meine ich, sie habe sozusagen in meiner Seele ihr Lebenswerk niedergelegt, das ihr und den Freunden auf jenem Hof am Herzen gelegen hat, und zwar so, dass es mich mitbestimmt hat schon in Zeiten, in denen ich über das Werk meiner Eltern noch so gut wie nichts wusste. Ich war sicher fünfunddreißig oder vierzig Jahre alt, als ich zum ersten Mal Menschen begegnete, die mit meinen Eltern gelebt und gearbeitet hatten, und war damals doch schon selbst auf ähnlichen Wegen.*[3] Mit 40 Jahren war er schon längst unter denjenigen, die Widerstand leisteten gegen die Wiederbewaffnung Deutschlands, die sich Sorgen machten über die ungeheure Umweltzerstörung, die sich anzubahnen begann, und die nach neuen Bildern für den Glauben suchten.

Wer waren diese Eltern, die Jörg Zink zwar aus der direkten Erinnerung, doch nicht aus seinem Leben und nicht aus seinen eigenen Träumen schwanden, als sie 1925 und 1926 an Schwindsucht, an Hunger, an Auszehrung starben, für einen Traum, für einen Glauben an eine machbare bessere, christlichere, gotterfülltere Welt? Maria war wohl so etwas wie der Mittelpunkt dieser kleinen Gemeinschaft gewesen. Sie war ausgebildete Kinderpflegerin. Es war vor allem ihr leidenschaftlicher Glaube gewesen, der die Gemeinschaft zusammengehalten hat, so erzählte man es später. Max war ein Wandervogel, gelernter Gärtner, hatte mit dem Gedanken gespielt, Mönch zu werden, sogar Kartäuser. Die Liebe ließ ihn die Pläne ändern. Statt ins Kloster zu gehen, gründete er mit Maria eine andere Form des gemeinschaftlichen christlichen Lebens – und bekam drei Kinder, drei Jungen. Gerhard, drei Jahre älter als Jörg, der später in Russland schwer verwundet wurde, mit dem Jörg nach dem Krieg ein gemeinsames Dachzimmer in Tübingen bewohnte und der schließlich als Ornithologe in Radolfzell am Bodensee arbeitete. Friedrich, ein Jahr älter als Jörg, der im Krieg lange hoffen durfte, als Vorstand einer Kleiderkammer nicht eingezogen zu werden, und der kurz vor Kriegsende doch an die Front musste und dort fiel. Und schließlich Georg – von Kindheit an genannt Jörg.

Ein Foto zeigt die junge Familie, nur wenige Monate vor dem Tod der Mutter. Wie lebendig sie aussehen, die beiden Eltern Zink, voller Kraft, eigensinnig, mit starkem Blick und leuchtenden Augen. Doch, wie ihr Sohn später schreiben wird, manche Wege lassen sich eben nicht auf dieser Erde zu Ende gehen, und das hatte in diesem Fall sehr profane Gründe. Max war Gärtner, kein Bauer. Er machte Fehler bei der Bewirtschaftung des kleinen Geländes. Dazu kam, dass die jungen Leute, die sich anders kleideten, anders redeten, anders lebten, misstrauisch beäugt wurden. Sie wurden auf den Märkten boykottiert. Was sie nicht davon abhielt, weiter zu träumen, und auch für andere mitzuträumen. Der Ha-

Einige Monate vor dem Tod der Mutter. Vater Max, Mutter Maria und die drei Söhne Gerhard, Friedrich und Jörg.

bertshof wurde Station für traumatisierte Kriegsheimkehrer aus dem Ersten Weltkrieg. Und während der Hunger in den Zimmern wohnte, verteilte man doch, was man hatte, zugleich an verlassene Kriegskinder, für die man sogar ein eigenes Haus einrichtete.

Nach fünf Jahren war der Traum vorbei. Und bevor er später, viel später selbst einen Pferde- und Spielhof für Kinder und Jugendliche gründen wird, selbst für Frieden und eine andere Art des Umgangs mit der Welt streiten wird, wird für das kleine Kind Jörg erst einmal die Heimatlosigkeit zum neuen Zuhause.

Was ich außer der romantischen Verträumtheit meines Vaters, der ein Wandervogel war und der als gelernter Gärtner so hart zu arbeiten wusste, mitgenommen habe auf meinen langen Weg, war der wagemutige Glaube meiner Mutter, die ihr Leben dafür hingab, dass etwas Konkretes geschehen konnte nach den Weisungen des Mannes aus Nazareth. Und was mich von beiden her begleitet hat, war das Wagnis eines Wissens, dass es Wanderwege gibt, die nicht zu Ende gehen, jedenfalls nicht auf dieser Erde. Wege, die alles feste Land zurücklassen und über das Meer gehen, auf ein großes Ziel zu, als führten sie über sicheren Grund.[4]

Nach dem Tod der Mutter 1925 lebte Jörg zunächst wochen- und monatsweise bei Großeltern, Tanten und sogar eine Zeitlang in einem Kinderheim, mehrere Monate in der Schweiz, ein halbes Jahr bei seinen Großeltern mütterlicherseits in Wangen im Allgäu. Bis sein Vater Max im Frühjahr 1926 in Stuttgart eine neue Frau gefunden hatte. Martha Mahle stammte aus einer Großindustriellen-Familie und hatte selbst schon einen Sohn, Hans-Theodor, der später nach Amerika auswandern sollte. Max holte seine drei Kinder zurück nach Stuttgart, in der Hoffnung, nun ein neues Leben beginnen zu können. Doch hatte auch er die Tuberkulose in sich und starb plötzlich und unerwartet sechs Wochen nach der Hochzeit. 1927 zog Jörg Zinks zweite Mutter Martha Zink-Mahle mit den Kindern – drei fremden und einem eigenen – nach Ulm.

Jörg wohnte nun in einem winzigen Reihenhaus mit einem schmalen Nutzgarten, nur das kleine Wohnzimmer konnte geheizt werden. Martha Zink-Mahle hatte sich gegen die Pläne der Verwandtschaft, die drei Geschwister aufzuteilen, durchgesetzt und die Last auf sich genommen, als alleinerziehende Frau sowohl das Geld ins Haus zu bringen als auch alle vier Kinder großzuziehen. Eine Unterstützung durch ihre Familie hatte sie selbstbewusst abgelehnt. Sie wollte ein selbstbestimmtes Leben führen, das sie nicht dem Diktat einer reichen Familie unterordnen wollte. Martha Zink-Mahle arbeitete als Lehrerin und bildete sich nebenbei noch in Psychagogik weiter. Den Haushalt besorgte lebenslang eine Freundin, Hanna Brand, die alle »Tante Hanna« nannten. Es fehlte an allen Ecken und Enden, die Jungen hungerten oft.

Die Brotscheiben wurden in der Sonne getrocknet, damit sie besser sättigten. In der Freizeit mussten die Kinder barfuß laufen, um die Sohlen der Schuhe zu schonen. Später, als sie größer wurden, arbeiteten sie während der Ferien in Ulmer Handwerksbetrieben oder Fabriken, um sich etwas Taschengeld zu verdienen.

Martha Zink-Mahle war mit vielen interessanten Leuten befreundet und mit eigensinnig denkenden Christen vernetzt, hatte ihre eigene Meinung und Mut und hat auch sehr deutliche Worte gegen Hitler und die Nationalsozialisten gefunden, weshalb sie mehrmals zum »Ortsgruppenleiter« der Nationalsozialisten vorgeladen wurde. *Sie hat uns unentwegt, auch als wir sie noch nicht so richtig verstanden, erklärt, warum eine Ideologie in der Politik ein Unglück ist*[5], erinnert sich Jörg Zink. Er lässt, wenn er später von ihr spricht, zwar nichts auf sie kommen, aber ihren Erziehungsstil bezeichnet er im weiten Rückblick diplomatisch als »nicht dem entsprechend, was wir heute eine sinnvolle Pädagogik nennen«. Eine Autorität ist sie ihm nicht geworden, geschweige denn, dass er bei ihr eine Heimat gefunden hätte. Erst als junger Erwachsener, während des Krieges, war sie ihm in ihren Briefen ein wichtiges Gegenüber.

Ich erinnere mich, dass ich mich in jenen frühen Jahren hart entschloss, niemandem fügsam zu sein. Niemand sollte mit mir tun können, was er wollte, niemand mit mir fertig werden.[6] Jörg Zink fügt hinzu, dass er wohl als unhandliches, trotziges, eigensinniges Kind gegolten habe. Doch eines hat seine neue

Mutter diesem unhandlichen Kind gelassen: seine Freiheit. Und so beginnt Jörg, sich in dieser Freiheit eine neue Heimat zu suchen und eine neue Mutter, Mutter Erde. *Ich habe meine Mutter nie in einem Grab gesucht, freilich auch nicht im »Himmel«, wohl aber überall, wo »Erde« war.*[7] Von Ulm aus ist es nicht weit auf die Schwäbische Alb, zu den Hochwäldern, Felsen, Seen, Bächen, Höhlen und Wacholderheiden des Berglandes. Schon als er sieben Jahre alt ist, geht Jörg oft in ein trockenes Albtal, das Schammertal, *an dessen Ende an einem Heidehang ein Brunnen war,* und er verbringt *Stunden allein mit dem Getier,* das dort lebt.[8] Mit zehn Jahren beginnt er, für Tage, in den Ferien für Wochen, allein in den Wäldern zu hausen, oft begleitet ihn sein Stiefbruder. Die beiden anderen Brüder sind mittlerweile außer Haus, einer ist im Internat, der andere macht eine Lehre. Jörg schläft auf trockenem Laub in Höhlen, brät sich Kartoffeln in der heißen Asche, spricht mit Tieren und Pflanzen und träumt. Nichts, so sagt er später immer wieder, hat ihn so sehr geprägt wie diese wilde Landschaft voller Geheimnisse. Die Welt, die er sich mit dem Indianerschild auf Abenteuer aus erobert, ist eine Welt ohne Menschen, eine Welt, die ihm lebendiger scheint als die der Städte. Diese Welt hat ihn unabhängig gemacht. Sie ist seine, und er ist im Gespräch mit ihr – und ist es wohl zeitlebens auch geblieben. Er schreibt: *Die Stadt und die Menschen waren mir fremd. Ich fand, es sei gut für die Bäume und für die Tiere, dass einer sie sah, sich bei ihnen wohl fühlte, mit ihnen lebte, sie liebte.*[9] Als er zwölf Jahre alt ist, muss er zur Hitlerjugend. Jörg, der die samstäglichen Treffen und Übungen hasst, schwänzt, so oft es geht, um weiter in seine geliebten Wälder zu verschwinden. Als er vierzehn Jahre alt ist, hat er einen neuen Lieblingsplatz gefunden: den Federsee, einen *verwunschenen* Moorsee, zwischen Binsen und Wald. Dort verbringt er *einsame Tage und Nächte*, schläft in einer offenen Scheune und mietet sich tagsüber für ein paar Pfennige einen Kahn, *eines der schweren Fischerboote, die man mit der Stange* schiebt.[10] In den Kindertagen voller ursprünglicher Natur hat er Erfahrungen und Bilder gesammelt, die ihn ein Leben lang tragen werden. Mehr noch, die ihm, dem verschlossenen Waisenkind Jörg, das beschlossen hatte, niemanden in sich hineinschauen und über sich bestimmen zu lassen, erstmals das Gefühl geben, das Leben auf dieser Welt sei etwas, das man bestehen könne – und das es zu leben lohne. Viele Jahrzehnte seines Lebens wird er nicht oder nur wenig von diesen elementaren Bildern und Erfahrungen der freien Kindertage sprechen, dann werden sie eine der Grundlagen seines theologischen und seelsorgerlichen Denkens werden. Es sind Erfahrungen des Einsseins. Erfahrungen voll Licht und Verbundenheit mit allem, was ist. Erfahrungen des Heiligen.

Prägungen. Die Freiheit der Wälder

Was Jörg als Kind der Wälder aus dieser seiner Gegenwelt mitnimmt, ließe sich vielleicht als großes Urvertrauen bezeichnen, ließe sich etikettieren als Eintauchen in ein ozeanisches Gefühl, als Gefühl der Alleinheit. Er selbst gibt dem, was ihm dort widerfahren ist, selten Namen, am ehesten spricht er von Visionen, manchmal auch von »lichterlohem Bewusstsein« oder – wie Teilhard de Chardin – von »Diaphanie«. Er erklärt es nicht, um nichts wegzuerklären. Aber er ist sich bewusst, und dieses Wissen begleitet ihn später in den Jahren als Seelsorger mit zunehmender Sorge, dass viele Kinder, viele Erwachsene solche tiefen, heiligen Erfahrungen machen, sich aber nicht trauen, davon zu sprechen – unter anderem deshalb, weil ihnen diejenigen, die als Fachleute in Sachen Religion und Gott und Glaube auftreten, die Pfarrerinnen und Pfarrer, solche eigenen, wilden, ungezähmten, unsortierten, geheimnisvollen, elementaren Erfahrungen ausreden wollen. Dass Religion nicht der Glaube an eine andere, irgendwie jenseitige Welt sei, sondern eher doch ein Glaube, der die diesseitige Welt auf-

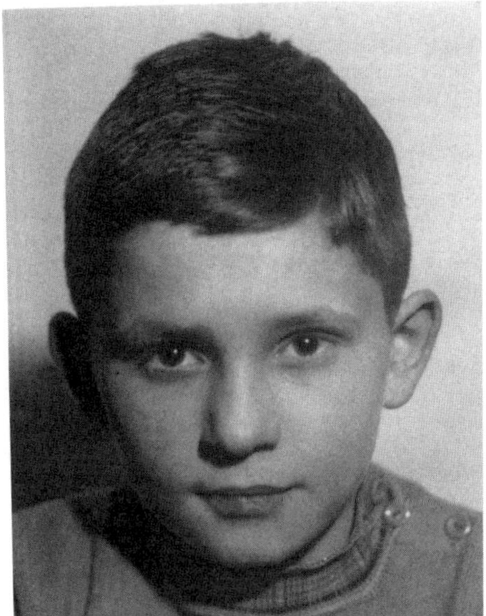

Jörg als Zwölfjähriger: Der Chemielehrer machte die Aufnahme, während Jörg Arrest absitzen musste, weil er seine Hausaufgaben nicht gemacht hatte.

schließt und neu erfahren lässt, das ist ein Gedanke, der erst in den vergangenen Jahrzehnten wieder ernst genommen worden ist.

Kinder haben dafür einen Sinn, wird er später schreiben. Kinder sind noch nicht so sehr in unseren Weltdeutungen gefangen, sie leben noch aus der Erfahrung direkt. Und diese Erfahrung zeigt manchmal und gnadenhaft, wie licht und durchlässig die Welt ist, dass der Vordergrund einen Hintergrund hat, der Liebe ist. Es komme darauf an, so wird es der alt gewordene Jörg sagen, in Verbindung zu seinem inneren Kind zu bleiben, diese ersten, tiefen und wahren Erfahrungen der Kindheit nicht abzutun, wegzuerklären, wegzurationalisieren, sondern in und mit ihnen zu leben.

Er selbst hat sein inneres Kind mitgenommen, durch Höhen und Tiefen. Mehr noch, er meint, diese Sorglosigkeit und Unmittelbarkeit, dieses Vertrauen auf die Erfahrungen des Lichts und der Liebe, dieses kindliche Lebensgefühl, das sei doch das, wozu Jesus uns ermutigen möchte umzukehren, wenn er sagt: Wenn ihr nicht werdet wie die Kinder, werdet ihr nicht ins Reich Gottes finden.

Ein erstes Bild, das Jörg Zink aus seiner Kindheit in seinem Herzen trägt und das ihm ein Symbol für ein religiöses Urgefühl geworden ist, ist dieses Bild völliger Genügsamkeit und Selbstvergessenheit: *Ich war wohl kaum mehr als drei Jahre alt, da saß ich unter den Bäumen vor dem Häuschen, das meine zweite Mutter und meine drei Brüder mit mir bewohnten, und brauchte nichts. Ich saß reglos unter den Zweigen und leb-*

te mit allem, was um mich her war. Es genügte, dass da ein Grashalm war, ein Blatt, ein Käfer, ein wenig Wind, ein Sonnenstrahl zwischen den Ästen. Ich war eins von diesen Dingen, Grashalm oder Blatt, und war eins mit ihnen allen. Und wie man mir später erzählte, habe ich bei all meiner Abgewandtheit von der Welt der Erwachsenen oder der anderer Kinder den Eindruck eines glücklichen Kindes gemacht.[11]

Die Freiheit der Wälder.

Ein zweites Bild spielt an diesem geheimnisvollen Moorsee, dem Federsee, an dem er sich als 14-Jähriger zwischen Schilf und Wasser selbst wiederum beinah vergaß, und das ihm ein Symbol ist dafür, wie sich alles in allem spiegelt, wie alles Bild sein kann für das große Ganze, wie Himmel und Erde sich durchdringen. *In den Nächten war der See oft so glatt, dass ich die Sterne darin gespiegelt sah, und ich verbrachte die Zeit damit, herauszufinden, welcher Stern am Himmel in welchem Stern im Wasser gespiegelt war. Das kaum wahrnehmbare Leuchten im Seegrund faszinierte mich. Hätte mich damals jemand gefragt: Warum?, so hätte ich vermutlich keine Antwort geben können. Heute ist es mir deutlicher: Vielleicht war ich von den nächtlichen Bildern so gebannt, weil ich empfand, aus einer solchen dunklen Tiefe käme ich her. Hier sei ich nahe meinem Ursprung. Vielleicht auch, weil ich empfand, in mir selbst sei etwas wie dieser dunkle See, auf dessen Grund man nicht sehen, dessen Geheimnis man nicht erreichen, in dessen Wasser sich aber etwas spiegeln könne, das nicht von dieser Erde ist.*[12]

Und ein drittes Bild, wohl das stärkste, eine Urerfahrung, von der er später immer wieder sprechen wird, ist jener Augenblick, in dem die Welt für ein achtjähriges Kind am Hohlen Fels bei Schelklingen gläsern durchscheinend wird und zuallererst Zutrauen gibt, dass sie mehr sei als Elend und Not, mehr als Vorderseite, mehr als all das Sichtbare – kurz: dass das Leben tragen könnte: *Ich muss es noch einmal schildern: Als ich einmal an einem hellen Abend auf einem Felsen saß und über die waldigen Hänge hinaufschaute, traf es mich plötzlich: Vor meinen Augen lösten sich die Bäume und die Berge und die wenigen Häuser auf. Alles wurde durchscheinend, als wäre es aus Glas. Die Bäume verloren ihre Dichte und ihre Konturen und wurden, als wären sie aus Licht. ... So ist das also, durchfuhr es mich. Alles ist nur Vordergrund! Dahinter ist alles Licht! Unsere ganze sichtbare Welt tut nur so, als sei sie da! In Wirklichkeit fängt, was wichtig ist, erst dahinter an!*[13]

Was ist mir geblieben aus jener frühen Zeit? Ein sicheres Vertrauen, ein nicht erschütterbares, dass hinter dieser Welt mit all ihren Dunkelheiten ein Licht ist. Dass irgendwo, geschaut und nicht nur geahnt, etwas ist wie ein Sinn. Dass es weitergehen wird nach diesem Leben. Dass in dieser Welt eine große, lenkende und dabei gütige Macht am Werk ist, die man nennen mag, wie man will, der man aber durchaus den Namen »Gott« geben mag. Was noch? Dass alle Dinge lebendiger sind, als sie scheinen. Dass auch die Steine leben und dass auch in den Steinen Licht ist. Und: Dass in jedem Menschen etwas wie Licht sein muss neben allem, was an tiefem Dunkel in ihm sein mag. [14]

Erfahrungen, die Jörg Zink weder zum religiösen Exoten machen noch zum erleuchteten Meister. Sondern zu einem, der zeitlebens neugierig ist und offen bleibt, der erkannt hat, dass die Welt nicht auslotbar ist. Auch die religiöse nicht.

Dass sie ihre Geheimnisse wahrt. So, wie Gott die seinen wahrt. *Ich wusste: Dort, in dieser Welt aus Licht, liegt mein Ursprung, dort komme ich her, und dort gehe ich wieder hin, wenn ich in ferner Zukunft einmal gestorben bin, und diese andere Welt ist das Einzige, das für mich zählt. In solchen Stunden empfand ich alles, was um mich her war, als eine einzige große Wärme, als eine umfassende und alles durchdringende Liebe.*[15]

Es bleibt ihm von diesen Urerfahrungen auch ein großes Zutrauen in die Kinder. In ihre Erfahrungswelt. Wer ihnen zuhört, der wird staunen, welche Erfahrungen sie machen. Und wer sich ein offenes Ohr und Herz bewahrt, wer lernt, zu lauschen, der wird solche Erfahrungen auf die eine oder andere Weise machen dürfen. *Wir sind, das weiß ich heute wie je, in dieser Welt zu Hause, weil es die Welt Gottes ist. Das Kind, das noch immer in uns lebt, weiß es, und zwar umso genauer, je weniger es den Weltdeutungen anderer Menschen gehorsam ist. Die Sorglosigkeit eines schauenden Kindes wiederzufinden in der Dankbarkeit für die Gnade, die unser Leben bedeutet, heißt reifen, heißt erwachsen werden.*[16]

Begegnungen. Momente für ein Leben

Einige Begegnungen aus der Kinder- und Jugendzeit hat Jörg Zink mit in sein Herz genommen, sie werden ihn bis ins Alter begleiten, es sind gleichsam Momentaufnahmen aus der

Zeit vor dem Zweiten Weltkrieg. Das erste Bild ist das eines Mannes mit Autorität, Menschenkenntnis und Freundlichkeit. Sein Großvater mütterlicherseits, einst Ulan beim Württembergischen König, ist Gendarm in Wangen im Allgäu, wo der dreijährige Jörg nach dem Tod seiner Mutter einige Monate verbringt. Einmal nimmt ihn der Großvater mit, zu Fuß, auf den Weg ins Nachbardorf. Bei jedem Haus, an dem sie vorbeikommen, erzählt er von den Menschen, die dort wohnen, lässt das kleine Kind an seiner Seite teilhaben an ihren Schicksalen und Geschichten und nimmt es auf diese Weise ernst. Und schließlich, im Wirtshaus im Nachbarort angekommen, wird es seinen Enkel zutiefst beeindrucken, dass nicht nur der Großvater, sondern auch er einen Becher Most bekommt, den er trinken darf, während der Gendarm das Seine am Nachbartisch regelt. Geblieben ist das Bild eines Mannes, aufrecht, unbestechlich, menschenfreundlich, mit der Aufgabe, für Gerechtigkeit zu sorgen, ein Mann voller natürlicher Autorität.

Das zweite Bild, das sich ihm im Nachhinein erst so recht erschließt, ist die Begegnung mit einem Philosophieprofessor, der bei seiner Mutter zu Gast ist. Was er denn einmal erreichen wolle, wird er – Jörg ist vierzehn Jahre alt – von dem Professor gefragt, beim Familienkaffee, ganz nebenbei. *Ich schoss heraus: »Alles!« Der Mann stutzte einen Augenblick, dann bekräftigte er: »Ja, das ist richtig. Das Ganze muss man wollen. Das Ganze. Das ist richtig, mein Junge.« Aber damit, dass er mein »Alles« in sein »Ganzes« übertrug, gab er meinem*

Nachdenken einen wichtigen Anstoß in eine veränderte Richtung.[17]

Und noch ein Bild prägt sich dem dann schon 18-jährigen Jörg tief ins Herz. Es ist schon in den ersten Monaten des Krieges. Der Stuttgarter Pfarrer Rudolf Daur, Leiter eines Bundes der Jugendbewegung der zwanziger Jahre, hielt diesen Freundeskreis, den »Köngener Bund«, als eine Art *Insel der Freiheit* inmitten des Dritten Reichs am Leben. Einmal organisierte er eine Fortbildung, bei der Marianne Weber, die Frau von Max Weber, am Tisch auf dem Podium saß und über das Thema »Die Freiheit der Frau« sprach. Jörg Zink saß unter den Zuhörern, denn seine zweite Mutter gehörte dem Köngener Bund an. Doch Mutter und Freiheit der Frau und der ganze Köngener Bund waren dem 18-jährigen Zuhörer mit einem Mal völlig egal. Denn einige Reihen vor ihm entdeckte er die Liebe seines Lebens, 15 Jahre alt, ein Mädchen mit schwarzbraunem Haar, mit *dunklen, verträumten* Augen, die Tochter von Rudolf Daur. Viel wird er später von seiner Lebensbegleiterin Heidi in seinen Büchern nicht erzählen, wird ein Geheimnis über ihrer beider Vertrautheit legen, doch einmal, in seinen Lebenserinnerungen, beschreibt er die Geschichte dieses ersten Zusammentreffens mit ihrer ganzen Spannung und ihrem ganzen Witz:

Nach dem Vortrag räumte er, an ihrer Seite, die Stühle an die Wand und stellte die Tische auf. Sie nahm ihn nicht wahr. Dann deckte er, wieder an ihrer Seite, die Tische, aber sie sah ihn nicht. Nach dem Essen räumte er, immer in ihrer Nähe, den Tisch ab und stellte die Stühle. Sie interessierte sich nicht für ihn. Als die Veranstaltung zu Ende war und der Saal sich leerte, sah er sie, wie sie am Ausgang am Büchertisch stand und in einem Heft blätterte. Er trat von hinten an sie heran, nahm allen Mut zusammen und versuchte, »Auf Wiedersehen« zu sagen, aber es kam nicht viel über seine Lippen. Er hatte es wohl nur gewollt. Beim zweiten Versuch gelang es ihm, dieses »Auf Wiedersehen« so zu sprechen, dass sie es hörte. Als sie sich aber umwandte, fasste ihn der Schrecken des Pan oder sonst eines übermächtigen Wesens, und er fuhr, wie vom Blitz gejagt, herum und schoss zur Tür hinaus. Oder besser, er wollte es. Er sah nicht, wo die Tür war, und schlug mit dem Schädel gegen den Türpfosten, rannte die Treppe hinunter und blieb wie erschlagen auf einer Bank sitzen. Dann zog er in den Krieg und sah sie vier Jahre lang nicht mehr.[18]

Seither war ihm klar: Die oder keine. Dies ist mein Mädchen, meine Frau, meine Lebensbegleiterin. Dieses letzte Bild, das er aus der Welt seiner Kindheit und Jugend mitnimmt in die Welt des Krieges, wird ihm zum Schutzengelbild durch die Abgründe der kommenden Jahre hindurch. Eine Schutzmacht der eigenen Art, ein Traum von einem Mädchen, von dem er kaum mehr weiß als den Namen. Unzählige Briefe wird er ihr als Soldat schreiben, in sein Notizheft – keinen davon wird er abschicken. Ein einziges Mal, vier Jahre später, als er, der Flieger, nach einem Abschuss auf Heimaturlaub ist, wird er in ihre Nähe gelangen. Bei einem Besuch bei jener Familie Daur, mit der er von der Front aus Briefkontakt hält, trifft er sie, während sie ein kleines Zwillingspaar zu betreuen hat. Er gibt vor, ein Foto von den süßen Kindern machen zu wollen, und will doch sie, Schutzmacht seiner Träume, ablichten. Nur will es das Schicksal, dass er auch diesmal in der Aufregung danebenzielt, und statt des mittlerweile 19-jährigen Mädchens seiner Träume hat er die beiden Babys ganz, von ihr aber nur die Beine im Bild. Schließlich vertraut er sich seiner zweiten Mutter an, und diese organisiert ihm ein Passbild von Heidi. Für die nächsten Jahre sein wichtigster Schatz, *obwohl,* wie er schreibt, *sie auf dem Bild konsequent an mir vorbeischaute*[19].

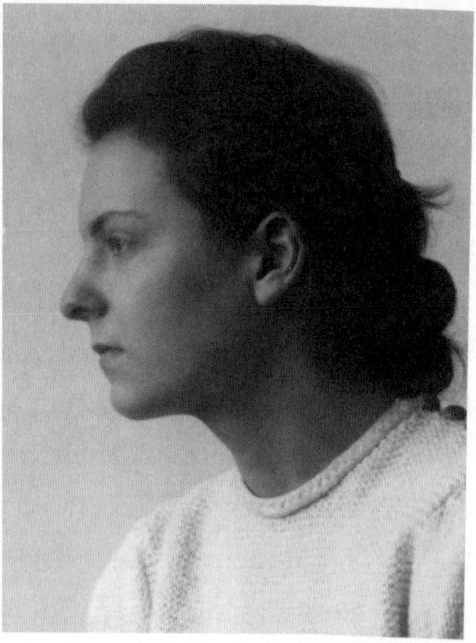

Heidi Daur. Das Passbild begleitete Jörg Zink durch den Krieg.

So ist dieses letzte Bild aus der Welt der Kinder- und Jugendzeit, dieses Passfoto seiner späteren Frau und Begleiterin durch sieben Jahrzehnte, ganz real sein Wegbegleiter in die andere Welt des Todes – *und wenn es etwas gab, das mich am Leben hielt, dann war sie es.*[20]

Ein Haus aus Sprache. Freunde aus Klang

Die religiösen Erfahrungen seiner Kinderzeit und auch einige einschneidende Erfahrungen in den Kriegstagen, von denen noch die Rede sein wird, werden das theologische Denken, Reden und Schreiben Jörg Zinks vor allem in seinem letzten Lebensdrittel prägen. Dann steht für ihn fest: Wer nicht den mystischen Weg einschlägt, wer nicht Gott ganz anders, in allem und mit allem verbunden denkt, der kommt nicht mehr weiter. Wer nicht über die spezifisch heiligen Erfahrungen als Grundlage aller Religionen nachdenkt, der verfehlt ihr Wesen, verkennt ihre Entstehungsprozesse. Wer dem Heiligen Geist nicht zutraut, auch heute noch zu wehen, wer lediglich auf die papiergewordenen Geist- und Gotteserfahrungen zu biblischen Zeiten verweist, wenn er nach Gott fragt, der denkt Gott viel zu klein. Er denkt ihn sich nicht als lebendigen Gott, heute, hier, jetzt, in dir und mir. Längst bevor Jörg Zink sich in Auseinandersetzung mit der biblischen Überlieferung in diese Gedankenwelten hineinbegibt, längst bevor Karl Rahner seine berühmt gewordene Äußerung notiert, schreibt der Funker im 2. Zerstörergeschwader in einem Brief: »*Wenn das Christentum nicht seinen mystischen Hintergrund wiederentdeckt, dann hat es uns nichts mehr zu sagen.*«[21]

Die Welt des Krieges entzweit ihn, so erzählt er es später. Sie spaltet ihn innerlich auf. So, wie das kleine Kind Jörg aus der Menschenwelt hinein in die Erfahrungswege der Wälder geflohen ist, so flieht er jetzt aus einer Welt des blinden Gehorsams in eine geistige Welt, die Ähnliches reflektiert, was er selbst in den Wäldern seiner Kindheit erfahren hat. Tagsüber fliegt er als Funker in einer dreiköpfigen Crew in einem Langstreckenjäger, ausgebildet für den Luftkampf. Nachts, auf seinem Wachposten, in den freien Minuten, die ihm bleiben, steigt er ab in die Tiefen der Gedankenwelt Goethes, Hölderlins, Rilkes, Mörikes, Schneiders und vieler anderer. *Es war ein ästhetisches Suchen nach der Würde, die von der Welt des Soldatseins geleugnet wurde.*[22]

Damals beginnt er, um vier Uhr früh aufzustehen, um vor Sonnenaufgang, bevor Befehl und Gehorsam verlangt werden, ganz bei sich, für sich sein zu dürfen – und bei den Wahlverwandten ferner Zeiten. Er lernt viele Gedichte auswendig, während er im besetzten Frankreich Flugzeuge bewacht, die Zerstörer und Jäger heißen. Während er im Arrest sitzt, wo er wegen seiner Eigensinnigkeit oder weil er ein Wort zu viel oder zu vorlaut gesagt hat, immer mal wieder ein oder zwei Tage einsitzen muss. Während er in den Wäldern der Karpaten in einem Horchtrichter auf den Feind wartet, im Wipfel einer Eiche, wo er ein paar Wochen lang fremde Flugbewegungen zu melden hat. Hundert, zweihundert, dreihundert Gedichte lernt er auswendig, dazu auch Goethes Faust. Den ganzen Hyperion Hölderlins kann er aufsagen, und er dichtet den geistigen Freunden Antworten in seine Tagebücher. An seine Stubentür schreibt er ein Goethewort, das ihm Motto wird: »Selig, wer sich vor der Welt ohne Hass verschließt.« Dies ist seine rettende zweite Heimat, sehnsuchtsvolle Gegenwelt, ein Wörterhaus, eine Abdichtung gegen die tiefe Ausweglosigkeit in den Jahren des Millionensterbens. Jeder Tag, das weiß er als Flieger, kann sein letzter sein. Die Nähe zum Tod hat ihn zugleich Bewohner der geistigen, durchlässigen Welt der Dichter werden lassen. *Ich empfand – und empfinde bis heute – die Sprache wie ein Haus, in dem es gut ist zu wohnen. Das klare Konturen zeigt und freundliche Wärme bietet und an dessen Innenwänden viele Bilder sind, in dessen Dämmer das Licht der Sonne scheint und das auf einem breiten und festen Grund steht, der »Schweigen« heißt. Ich empfand, man könne mit den Worten ins Land des Unbekannten eintreten und brauche nur zu horchen, was sie dann sagen. Manchmal auch empfand ich, man müsse um jedes Wort einen Raum lassen, einen unbebauten, und ihn schützen, wenn es denn sagen soll, was in ihm ist oder sich in ihm spiegelt.*[23] Schon als Kind hatte er die Gewohnheit, einzelne, zunächst fremd klingende Worte wie ein Mantra stundenlang vor sich herzusagen, um sich mit ihnen zu befreunden. Jetzt baut er ein Haus aus Worten.

Wenn ich heute frage: Wozu schrieb oder las man in der damaligen Welt des Irrsinns lyrische Gedichte?, dann möchte ich antworten: um zu überleben. Wer einmal gezwungen war, aus einer unerträglichen Welt zu emigrieren in eine andere, in der es möglich war zu leben, der weiß es. Wer fünf Jahre Krieg und Gefangenschaft in sei-

nen jungen Jahren mitbekommen hat und sich nur so retten konnte, dass er lyrische Gedichte und ganze romantische Romane wie Hölderlins Hyperion auswendig lernte oder dass er verträumte Bühnenstücke schrieb, zwischen Schießen und Beschossenwerden, zwischen Gehorchen und innerer Abscheu, zwischen Lügen und Phrasen und Brutalitäten, der fragt nicht mehr, wozu Lyrik gut ist, er wird Lyrik messen am Maß einer Überlebenstechnik. Seine Lyrik freilich wird im Lauf seines Lebens wechseln von der Fluchthilfe zum wachen Benennen von Tatsachen, zur Anklage, zur Entlarvung. Und erst danach zur Beschreibung des Schönen und des Wundersamen.[24]

Das Abtauchen in die Dichtung und in das Gedankenerbe des Abendlands wurde ihm von einem Freund der Familie ermöglicht, dem Hamburger Professor Kurt Leese, der dem jungen Soldaten Zink einen Koffer voller Heiligkeiten mit auf den schweren Weg gab, einen Koffer voller Weltgedanken. Die Poeten zum einen, die Philosophen zum andern: Platon, Spinoza, Kant, Hegel, Schelling, im Tausch gegen Tabak und Zigaretten, die der junge Soldat an der Front nicht wollte. Leibniz mit seiner Idee, jeder sei eine Monade, in sich abgeschlossen, und bilde in sich, an der Innenwand seiner eigenen Existenz, seine Welt ab, schien ihm damals am meisten zu entsprechen, und später bezeichnete er sie als Kennzeichen einer ganzen, sprachlos gewordenen, in sich durch

Grauen, Angst, Gehorsam, Perversion und quälende Erinnerungen verschlossenen Generation des Krieges, in sich eingeigelt in der Vereinzelung. Und so sind seine Begleiter nicht nur seine Kameraden im Flieger und in den Baracken und Bunkern. Seine Kameraden sind vor allem Freunde aus Wort und Klang.

Eines zu sein mit Allem, das ist Leben der Gottheit, das ist der Himmel des Menschen.
Eines zu sein mit Allem, was lebt, in seliger Selbstvergessenheit wiederzukehren ins All der Natur, das ist Gipfel der Gedanken und Freuden, das ist die heilige Bergeshöhe, der Ort der ewigen Ruhe, wo der Mittag seine Schwüle und der Donner seine Stimme verliert und das kochende Meer der Woge des Kornfelds gleicht!

(Hölderlin, Hyperion)[25]

Da neigt sich die Stunde und rührt mich an
mit klarem, metallenem Schlag:
mir zittern die Sinne. Ich fühle: ich kann –
und ich fasse den plastischen Tag.

Nichts war noch vollendet, eh ich es erschaut,
ein jedes Werden stand still.
Meine Blicke sind reif, und wie eine Braut
kommt jedem das Ding, das er will.

Nichts ist mir zu klein, und ich lieb es trotzdem
und mal es auf Goldgrund und groß
und halte es hoch, und ich weiß nicht wem
löst es die Seele los ...

(Rainer Maria Rilke, Das Stundenbuch)[26]

Das Fliegen und die Dichtung – zwischen diesen beiden Polen erlebt Jörg Zink den Zweiten Weltkrieg. Das Fliegen war sein eigener Wunsch – denn wenn er schon Soldat werden müsse, so dachte der 17-Jährige 1939, dann wolle er nicht marschieren, sondern abheben. »Ich liebte das Fliegen«, erinnert er sich heute, »und ich verabscheute es, Soldat zu sein. Das muss man trennen.« Zunächst kommt er nach Kaufbeuren, später nach Budweis in Böhmen, zwei Jahre dauert die Ausbildung zum Bordfunker. Ab 1942 ist er Mitglied einer dreiköpfigen Crew. Mit ihrer Maschine, einer JU 88, sind sie vor allem zu Langstreckenflügen über den Atlantik und über das Mittelmeer eingesetzt, als Jäger für den Luftkampf oder für das Bergen der eigenen Leute. Beinahe jeden Tag sterben Kameraden, und nicht wenige wissen ihren Tod voraus. Szenen, die sich Jörg Zink tief einprägen – wie kann man sich des eigenen Schicksals so gewiss sein? Dann wieder erlebt er Momente des ganz großen Friedens, die ihn verbinden mit dem Ich seiner Kindheit. So wie an jenem Flugplatz nahe Lyon, zwischen Gräben und Wällen, am Fort Bron, wo er, um dem Lärm der Baracke zu entkommen, abseits geht, um etwas zu lesen. *Einmal, es muss im April 1943 gewesen sein, saß ich dort, umgeben von einem dichten Gestrüpp weißblühender Schlehen. Wohin das Auge sah, waren dicht an dicht weiße Blüten. Plötzlich war ich »anderswo«. Ich war in einem Land aus Licht. Die Blüten schwammen zusammen zu einer durchdringenden Helligkeit. Mich durchfuhr der Gedanke: Dies sind keine Blüten, das ist eine andere Welt! Alles war offen. Und ich saß nicht mehr im Gras, ich war in einer anderen Dimension. … Wem sich die größere Wirklichkeit einmal geöffnet hat, der kann die kleine, die er bewohnt, nicht mehr zureichend finden.*

»Dies sind keine Blüten, das ist eine andere Welt!«

Für mich waren die weißen Schlehen das, was von Mose erzählt wird: Er habe am brennenden Dornbusch die verzehrende Gegenwart Gottes erfahren. Ich hätte es sofort verstanden, wenn jemand mir gesagt hätte: »Zieh die Schuhe aus, diese größere Welt, die du betrittst, ist heiliges Land«, auch wenn das schwierig gewesen wäre bei den schweren Schaftstiefeln, die ich trug.[27] Und an wieder einem anderen Tag erscheint ihm, dem todgeweihten Todesboten, während eines Fluges der gerundete Regenbogen aus dem Fenster seiner Maschine heraus als Sinnbild einer Hoffnung und einer großen Zusage – dass die Welt, diese zerbrechende, zerbröckelnde und zerstückelte Welt des Todes auf eine Ganzheit voller Licht angelegt ist. *Wir flogen durch eine Gewitterzone zwischen ungeheuren Wolkentürmen, durch Regenvorhänge und blendende Sonnenhelligkeit, und plötzlich stand ein Regenbogen klar und leuchtend vor uns, ein großer, doppelter Kreis. Aber er war anders, als wir ihn von der Erde her kannten, er war nicht der Halbbogen, der auf der Landschaft aufruht, sondern ein voller, doppelter Ring, und der kleine Schatten des eigenen Flugzeugs stand in seiner Mitte. Der Anblick traf mich wie eine Offenbarung. So ist das also!, dachte ich. Wenn nicht die Erde die Hälfte verdeckt, ist der Regenbogen ein voller, runder Ring. Er ist halb nur für unsere Augen, und nur, wenn wir unten auf der Erde stehen. ... Vielleicht oder sicher lag es an Bildern dieser Art, dass mir damals das Vertrauen ins Dasein nicht ganz verlorenging, das Vertrauen in seine Verlässlichkeit und Sinnhaftigkeit, der Glaube auch, es sei da einer, der das Elend dieser zerfetzten Welt barmherzig und heilend umgreift. Mir schien, wenn die irdische Begrenzung aufgehoben sei, dann könne zwischen den Wettertürmen unserer Erfahrungen auch die schmerzlich entbehrte Ganzheit dieses Daseins vor unseren Augen erscheinen.*[28]

Wieder erscheint dieses Trotzdem. Das große Dennoch. Der Widerspruch gegen die Abgründe der Welt und der Menschen, die für viele so tief waren, dass dafür bis heute die Worte fehlen. Ein gerundeter Regenbogen. Ein weißblühender Dornbusch. Doch am Ende des Kriegs versagt selbst die Hoffnungskraft dieser Bilder. Die meisten Kameraden sind tot. Die Sinnlosigkeit des eigenen Tuns steht den jungen Fliegern vor Augen, gleichwohl man weitermarschiert und weiterbombt in den totalen Abgrund. Im Januar 1945 antwortet Jörg Zink mit einem tief verzweifelten Gedicht an Gott, den unsichtbaren Freund aus der anderen, lichteren Welt:

... todmüde bin ich all der Qual
um meiner Seele halbe Lebenskraft
und möchte ruhn.
Denn längst ist mir der Arm erschlafft
von all dem Graun des Herzens Schild zerspellt.
Nun möcht' ich ruhen,
ruhn in dir, da anders nichts die Welt
bewegt als seelenloses, gottvergessnes Tun
und eines irren Dämons wilder Unverstand.
So gib mir nichts. Nur gib mir deine Hand
und lass mich ruhn.[29]

Doch der Weg des todmüden Fliegers war noch nicht zu Ende, lange nicht. Er fing erst an.

Erfahrungsschätze.
Die Zukunft des Christentums heißt Mystik

Zwei Schätze trägt Jörg Zink mit sich, als er aus dem Krieg und aus der Gefangenschaft zurückkehrt und in Tübingen Theologie zu studieren beginnt. Zum einen den Schatz der eigenen tiefen Erfahrung der Durchlässigkeit der Welt, die ihn durch die Kindheit und auch den Krieg über begleitet hat. Zum anderen den Schatz der geistigen Überlieferung, in der er sich während der Kriegsjahre auf Gottsuche begeben hat, sei es auf den Wegen der Poesie, sei es mittels der Philosophie, sei es durch einige Worte der Bibel.

Doch was das Studium, das er als intensiv und voller glücklicher Momente des Austauschs mit seinen »Meistern« beschreibt, ihm zunächst auf den Weg gibt, ist etwas grundlegend anderes als Mystik. Er bekommt, wie es damals in Philosophie, Psychologie und Theologie gleichermaßen üblich war, zu hören: Religiöse Erfahrungen taugen nichts. Ihnen ist nicht zu trauen. Der theologische Übervater des Nachkriegsprotestantismus ist Karl Barth, und der lehnt alles radikal ab, was mit Religion, und das meint mit Frömmigkeit, Bildern, Kultur, kurz mit religiösen Gefühlen, zu tun hat – es sei schließlich nichts anderes als Menschenwerk. Nach den Verführungen, den Massenbegeisterungen und der suggestiven pseudoreligiösen Kraft der nationalsozialistischen Inszenierungen eine verständliche Sicherung, um nicht noch einmal zu vergöttern, was eigentlich einer menschlichen Hölle entsprang. Dazu kommt, dass Dietrich Bonhoeffer, Märtyrerheld der Bekennenden Kirche, ein ebenso folgenreiches Stichwort hinterlassen hat, das den deutschen Protestantismus eine gute Zeit lang prägte: *religionsloses* Christentum. Gelebte Mitmenschlichkeit im Namen Jesu, aber eben explizit ohne groß von Gott zu sprechen, ohne religiöse Gefühligkeit, ohne die Suche nach einer Gotteserfahrung.

So schlagen wir zunächst einen großen gedanklichen Bogen, von Jörg Zinks Kindheit und Jugend zu den Büchern der vergangenen 25 Jahre, in denen er beginnt, erst zögerlich, dann immer sicherer, diesen Satz nachzubuchstabieren, den er als junger Soldat in einem Brief schrieb: *Wenn das Christentum nicht seinen mystischen Hintergrund wiederentdeckt, dann hat es uns nichts mehr zu sagen.*[30] Mit etwa 65 Jahren beginnt Jörg Zink, diesen Hintergrund des Christentums auszuleuchten, nachdem er viele Jahre seines Wirkens davon mehr oder weniger geschwiegen hat. Die Zeit, so schreibt und sagt er immer wieder, erschien ihm davor noch nicht reif. Seine langjährige Lektorin beim Kreuz-Verlag, Hildegunde Wöller, hatte ihn schon länger dabei unterstützt, sich – gerade mit seinem biographischen Hintergrund – dem Thema Mystik und Erfahrung zu widmen. Die Bücher, die entstehen, tragen poetische Namen – und sind zugleich voll theologischer Sprengkraft. Zunächst erscheinen zwei autobiographische Bände – »Sieh nach den Sternen, gib acht auf die Gassen« (1992) und dann das Interview-Buch »Binde deinen Karren an einen Stern« (1995): Dort spricht Jörg Zink zum ersten Mal ausführlich von seinen eigenen religiösen Erfahrungen und den daraus resultierenden theologischen Konsequenzen. Dann folgt: »Dornen können Rosen tragen. Mystik – die Zukunft des Christentums« – sicherlich der wichtigste, programmatische Titel zu dem Thema, erschienen 1997. Systematisch weitergedacht hat er den mystischen Weg des Christentums in dem Buch »Die Urkraft des Heiligen« (2003) – es ist so etwas wie Zinks altersweise Dogmatik geworden. Und schließlich sei noch das Buch »Gotteswahrnehmung« (2009) genannt, worin er die ganze Breite der gegenwärtigen Diskussion über religiöse Erfahrung und religiöse Phänomene durchschreitet. Dazwischen steht ein Band, der aus dem Rahmen fällt, weil er eine Textsammlung eigener Art ist: »Unter dem großen Bogen« (2002) oder »Entdecken, was uns verbindet«, wie er in einer Neuauflage heißt. Darin sind Texte versammelt, die von unterschiedlichen religiösen Traditionen herkommend den Weg der Mystik entlanggehen und mit denen Jörg Zink produktiv und angstfrei weiterschreitet zu einem Bewusstsein, das davon ausgeht, dass Gott immer größer ist als alle Religionen, sich aber trotzdem nicht anders als über den Weg der vielfältigen Gottesdeutungen dieser Erde begreifen lässt.

Wer den mystischen Hintergrund des Christentums bedenken will, so lässt sich vielleicht die Grundstruktur dieser Bücher zusammenfassen, muss einen zweifachen Weg gehen: den Weg der eigenen Erfahrung und den Weg des Gesprächs mit den zu Worten und Geschichten geronnenen Erfahrungen dieser Welt. *Die Elemente eines mystischen Weges sind zwei. Zum einen: Quelle meiner Einsicht ist nach der Heiligen Schrift und der Verkündigung der Kirche meine eigene Erfahrung. Zum anderen: Was wahr ist, muss ich selbst finden. Was für mich gelten soll, muss sich an meinem eigenen Urteil prüfen lassen. Keine Autorität dieser Welt kann mir das abnehmen oder vorschreiben.*[31] Es sind im Grunde diese zwei Seiten seines eigenen Weges hin zur Mystik– die Wege durch die Erfahrungen seiner Kindheit und die Wege durch die poetischen, philosophischen und theologischen Geisteswelten.

Freie Bürger des Reiches Gottes. Erfahrung kommt von Fahren

Es ist ein charakteristischer Gedanke Jörg Zinks, dass jeder Mensch seinen eigenen Weg finden muss, auch und vor allem seinen eigenen religiösen. Es kommt niemals, wenn es um Gott – also ums Ganze – geht, darauf an, nachzusprechen, was andere lehren, es geht nicht an, auf irgendwelche Autoritäten, Kirchenleitungen, Päpste abzuwälzen, was immer nur die eigene Aufgabe sein kann. Wir sind an einer religiösen Zeitenwende angelangt, sagt Jörg Zink. Die bisherigen Weltbilder, auch die religiösen, werden nicht überdauern. Auch nicht die überlieferten Strukturen des verfassten Christentums. Und das ist gut so, fügt er hinzu, denn damit kommen wir vielleicht endlich zurück zu dem, was Jesus selbst uns vorgelebt hat. Und zugleich kommen wir weiter. *Wollen wir künftig sagen können, was wir glauben, so werden wir über alles, was wir gelernt haben, hinaus auf unsere eigenen Erfahrungen hören müssen. Wir werden nicht Autoritäten oder Lehrämter fragen, was denn wahr sei, sondern werden unmittelbar und selbständig leben müssen, auch in den religiösen Dingen. Unmittelbar zu Gott, unmittelbar zu den Menschen, unmittelbar zu uns selbst und unmittelbar auch zu dem, was wir im Evangelium lesen, und wir werden aus dieser Selbständigkeit heraus neue Gemeinschaften religiöser Art suchen.*[32] Der Weg zur Erfahrung und zur Mystik führt bei Jörg Zink nicht ins Unnennbare, ins Nirwana, auch nicht ins kleine Glück der täglichen Meditation oder zur Suche nach der großen Erleuchtung. Dieser Weg wirft nicht alles von Bord, was christliche Tradition ist oder was die Bibel berichtet, um allein im »Jetzt« zu sein. Im Gegenteil, sein Weg der Mystik führt zugleich zurück auf denjenigen, der dem Christentum seinen Namen gegeben hat. Denn Jesus hat unmittelbar zu Gott gelebt. Radikal direkt. Geistbegabt. Weshalb, wer seinen eigenen, religiösen Weg zu suchen beginnt, sich eigentlich von Jesus faszinieren lassen können müsste, so Jörg Zink. Von Jesus direkt, wohlgemerkt. Nicht von einem Katechismus. Nicht von einem Dogma. Nicht von einer bestimmten, für immer und ewig gültigen Lehre.

Der christliche Glaube ist – wie ja jede Religion – kein Lehrstoff, kein Wissenspaket, sondern ein Sich-Einschwingen, Lauschen und Nachhören, ein Hineinwachsen in einen lebendigen Erzählzusammenhang, der in Erfahrungen gründet. Er verlangt nicht, an ein unsichtbares Jenseits zu glauben, sondern verändert vielmehr den Blick auf das Diesseits. Und verlangt – dem Beispiel Jesu folgend – eine Sensibilität für alles, was ist. Er führt also nicht weg von der Welt, ist auf kein Jenseits ausgerichtet, ob man es Jüngstes Gericht nennt oder Himmel oder Hölle, er führt mitten hinein in die Welt, ins menschliche Miteinander, in die Zusammenhänge dieser Welt, und damit auch mitten in unsere eigene Erfahrung. *Ob wir auf unsere Erfahrungen achten, davon hängt es ab, ob unsere Welt Farben hat.*[33]

Im Grunde geht es darum, achtsam Schauende und Spürende, Lauschende und Hörende zu werden – und dies wieder in zwei Richtungen: in die eigene Wirklichkeit hinein, ins eigene Herz, mit der Hoffnung und Zuversicht, selbst einmal gesagt zu bekommen: Zieh die Schuhe aus, dieser Boden ist heilig! Selbst einmal die Durchlässigkeit der Welt erfahren zu können! Und in die andere Richtung, in die Welt der schon gedeuteten, erzählten Erfahrungen hinein, in die Welt der spirituellen Überlieferungen, und im Wechselspiel der Anreden von hier und von dort selbst weiterzugehen. *Es gilt ... nach zwei Seiten hin zu horchen: in die Überlieferung zurück, aus der wir kommen und von der wir bestimmt sind, und ins eigene Herz.*[34]

> *Wir sind freie Bürger des Reiches Gottes und könnten manche Angst, die uns noch anhängt, ablegen. Wir sind frei, mit unseren eigenen Sinnen zu schauen, zu horchen, zu tasten und mit unserem eigenen Kopf nachzudenken, und könnten dabei ein volleres, stärkeres, lebendigeres Leben finden. Wir brauchen nicht in der Kolonne zu marschieren. Gottes Reich ist kein Exerzierplatz, und sein Wort ergeht nicht in Sprechchören. Wer in ihm lebt, lebt in großer Freiheit.*[35]

Wir müssen, sagt Jörg Zink, in diesem Zusammenhang ganz neu darüber nachdenken, wie Religionen entstehen, selbstverständlich auch die christliche. Religionen sind nicht vom Himmel gefallen. Religionen sind Deutungen von Erfahrungen. Ins Bild, ins Wort gebrachte Erfahrungen. Jedes Wort, jede Geschichte, jede Geste, die wir von Jesus überliefert bekommen haben, ist schon Deutung der Späteren und unterliegt der ständigen weiteren Deutung, aus der sich die Unterschiede der Konfessionen entwickelt haben. Aus denen wir mit unseren individuellen Bekenntnissen leben. Wollen wir diese Tatsache ernst nehmen, werden wir schnell begreifen, dass alle diese Deutungen nur auf das Heilige, Göttliche, auf das »ganz Andere« verweisen. Dass sie es aber nie fassen können. Und daher alle trennenden Streitigkeiten etwa über den exakten Wortlaut biblischer Texte und über ihre einzig richtige Auslegung der Vergangenheit angehören sollten. *Die theologische Rechthaberei ist nach meiner Überzeugung die einzige wirkliche Irrlehre*[36], so schreibt Jörg Zink, und er fügt hinzu: *Was mir am meisten zu fehlen scheint in der innerkirchlichen Diskussion, ist das Bewusstsein der Vorläufigkeit jeder Erkenntnis und das Bewusstsein der sehr begrenzten Reichweite jedes menschlichen Urteils.*[37]

Jörg Zink stellt sich damit in die Reihe jener Denker, die in den vergangenen zweihundert Jahren gerade von den Rändern der Theologie her immer wieder einen radikalen Neuanfang des religiösen Nachdenkens gefordert haben. Allen voran Friedrich Schleiermacher, der zu Beginn des 19. Jahrhunderts dem Religiösen einen eigenen »Sinn« zugeordnet hat – Religion sei »Sinn und Geschmack fürs Universum«. Hundert Jahre später dann der Religionswissenschaftler William James, der das erste Mal Phänomene religiöser Erfahrungen voller Staunen gesammelt hat, gefolgt von dem Religionsphänomenologen Rudolf Otto, der »das Heilige« als eigene, erfahrbare Wirklichkeit beschreibt. Und schließlich bis hin zu den Anregungen aus Psychologie und Soziologie, das religiöse Nachdenken ganz neu, eben von der erfahrbaren Wirklichkeit her zu denken, wie es mit den Namen Gregory Bateson, Ken Wilber oder Peter L. Berger verbunden ist. Wenn wir erkannt haben, wie Religionen zu dem werden, wie sie sich uns darstellen, nämlich durch gedeutete Erfahrungen, müssen wir also, wenn wir nach Gott fragen, zugleich bei uns selbst anfangen, sagt Jörg Zink. Ganz nah. Bei dem, was uns widerfährt, so, wie es von den Anfängen her Menschen widerfahren ist. Träume, Begegnungen, Zwischenfälle, Einfälle. Auch wir dürfen annehmen, Angesprochene zu werden, sollte es einen lebendigen Gott geben. Heute und hier.

Gleichzeitig finden wir dadurch Zugang zum Zentrum der Botschaft des Mannes aus Nazareth. Denn das Unerhörte, so Jörg Zink, die Mitte dessen Botschaft, war es doch zu sagen: Wir sind Gotteskinder. Gottes Töchter. Gottes Söhne. Wir stehen ihm so nah, dass es sich näher nicht denken lässt. Wir sind unmittelbar. Unmittelbar Geliebte. Wir können unmittelbar seine Gegenwart erfahren – und haben alle Rechte, uns unmittelbar auf die Suche zu machen, alle religiösen Verbotsschilder rechts und links liegen zu lassen und loszugehen, und wenn wir Glück haben, auf ihn zu. Denn »Erfahrung« kommt von »fahren«. Auf das Unterwegssein kommt es an. Religiös-Sein ist wie Lebendig-Sein ein Prozess.

Wenn wir auf diese Weise neu über Gott und die Welt und uns selbst nachdenken, dann stellen wir uns damit in einen Erzählzusammenhang, und das heißt auch: in einen großen, auch transpersonalen Erfahrungszusammenhang. Wir sind unterwegs in den Erfahrungen anderer, wie sie sich in dem niederschlagen, was wir kollektives Unbewusstes nennen können, Archetypen oder morphogenetische Felder. Wir sind unterwegs in Erfahrungen anderer, wie sie sie erzählt und niedergeschrieben haben, in den Erfahrungen eines

Mose, eines Jesaja, eines Paulus. Wenn die Bibel ein Lehrbuch ist, dann nur in diesem Sinne, einzuladen auf fremde Wege der »Erfahrung mit Gott«, um vielleicht, wenn es passt, ein paar Schritte gemeinsam mit den biblischen Hauptdarstellern zu gehen.

Mystik ist bei Jörg Zink also nichts Sprachloses, auch wenn sie um die letzte Sprachlosigkeit vor dem Heiligen weiß. Die Suche nach der eigenen religiösen Erfahrung heißt auch nicht, der Erlebnisgesellschaft auf den Leim zu gehen und den einzigartigen spirituellen Kick zu fordern, der letztlich nicht mehr mitteilbar und damit beliebig wird. Es heißt vielmehr, den erlebten Erfahrungen nachzuspüren, sie in Resonanz zu bringen mit denen anderer Menschen, und damit einen Sinn für das durchaus transpersonal gedachte Geflecht von Bildern des Lebens zu gewinnen. *Wenn wir den Zugang zu Symbolen verlieren oder zu mythischen Erzählungen, wenn sie für uns unsichtbar bzw. stumm werden, so beweisen wir damit nicht, wir seien über eine primitive mythische Welt hinausgekommen, sondern im Gegenteil, wir seien in eine archaische Welt zurückgefallen, in der die Menschen noch nicht deuten konnten, was ihnen draußen in der Welt oder drinnen in ihrer Seele begegnete. Die lebendige Gegenwart von Symbolen ist nicht Merkmal eines noch schlafenden Bewusstseins, sondern im Gegenteil Zeichen eines Geistes, der aus seinen Träumen wach wird. Denn um über Träume Rechenschaft zu geben, muss einer wach geworden sein.*[38] Das heißt: Die Geschichten und Bilder der Bibel sind nicht etwas, was man (wie man es in der Tradition von Rudolf Bultmann jahrzehntelang in der Theologie gelehrt hat) wegerklären muss, um dem rationalen, aufgeklärten Menschen noch begreiflich zu machen, was »eigentlich« der Sinn sei. Sie sind etwas, was man als Bilder, als Symbole, als geronnene und damit gedeutete Erfahrung ernst nehmen muss. Denn Bilder sind die Sprache der Seele.

Was wir Heutigen zu lernen haben, ist dies: Unsere Welt, unser Dasein ist immer klar aufgetrennt zwischen Ich und Welt, Ich und Du, Ich und Nicht-Ich. Das ist unsere von uns selbst geschaffene, strenge Wahrheit, von der wir immerfort ausgehen. Dass aber das Gegenbild zu dieser zerlegten Welt auch seine Wahrheit hat, und dass es für uns heilsam wäre, was wir zertrennt sehen, in seiner großen Einheit zusammenzusehen, ist mir sicher. Die Grenzenlosigkeit, in der unsere Seele lebt, zu empfinden, ist so notwendig wie die Klarheit der Unterscheidung und der Verantwortung für das, was nicht wir selbst sind. Unser in sich geschlossenes Ich zu öffnen für das Ganze und die Lockung des Grenzenlosen nicht für eine Versuchung zu irgendetwas Bösem oder Falschem zu halten, sondern für einen Weg zur Wahrheit, das könnte für die Ausweglosigkeit, in der wir mit unserer dualen Weltsicht festsitzen, lösend und befreiend sein. Echte Spiritualität geht davon aus, dass alle Widersprüche und Gegensätze sich in Gott aufheben und dass sie nur für uns Menschen in unserer engen Welt bedeutsam sind. Das aber will hei-

ßen, dass sie für uns prinzipiell aufhebbar sind und der Raum unserer Erfahrung größer werden, wachsen, sich ausdehnen kann über das für uns bislang gültige Maß hinaus.[39]

»Mystik ist die Melodie, nach der wir unsere Schritte setzen müssen, wenn wir etwas ahnen wollen von Gott.«

Mystik ist ein Weg in großer Freiheit. Wer sich gottunmittelbar erlebt, ist niemandes Untertan. Mystik respektiert die Freiheit und das Unverfügbare. Und es ist ein weiterer Wesenszug in Jörg Zinks Denken, dass die Erfahrung der Freiheit zugleich mit sich bringt, zu akzeptieren, dass es noch viele andere religiöse Wege gibt, Wege der Gotteserfahrungen und Deutungen derselben. Ältere als die der biblischen Erfahrungs-Sammlung. Und jüngere und ganz frische und vielleicht selbst erfahrene. *Die Bilder, die uns die Religionen vor Augen stellen, wandeln sich. Sie wechseln. Sie ändern sich gründlich. Aber wandelt sich damit Gott? Wohl kaum. Was Menschen sich erdenken oder was ihnen gezeigt wird, was sie erfahren und in ihren Bildern verdichten, formt sich zu einer Religion. ... Das kann nicht bedeuten, dass irgendein Mensch, irgendeine Zeit oder Kultur, die auf primitive oder auf reflektierte Weise Gott anrufen, nicht den wirklichen Gott erreichte. Der wirkliche Gott, der universelle, der nahe, der ferne, der offenbare, der verborgene, der mächtige, der zugleich der leidende ist, ist ihnen nah, unabhängig von den Bildern, die sie sich von ihm machen, oder von den Namen, die sie ihm geben.*[40] Wir könnten doch – in einer globalisierten Welt, die sich als ein Weltenhaus zu begreifen lernen muss – auch einen Gewinn davontragen, wenn wir lernten, Gott – ihn oder sie – mit vielen Namen zu nennen, aus vielen Perspektiven anzusprechen, durch viele Masken (personae) hindurch zu erleben.

Die Wiederentdeckung der mystischen Dimension im Christentum ist ein Teil jener Umgestaltung, die das Christentum zum Anfang des neuen Jahrtausends vor sich sehen muss. Sie ist ein Teil jener universellen Veränderungen, die sich in allen Wissenschaften und auf allen Lebensgebieten deutlich abzeichnen. Ich will einige Punkte nennen, an denen diese Veränderung geschehen muss.

Erstens: In der Sicht der Mystik steht der Mensch nicht nur als ein Ich dem Du Gottes gegenüber, er ist vielmehr umgeben von dem Meer, das Gott ist, und ist selbst Teil dieses Meeres. Unsere persönliche Erfahrung und das Anknüpfen an das Wort der Heiligen Schrift gehören darum zusammen. Das Gebet, das sich in Worten ergeht, weil es sich an ein Du wendet, und das Gebet ohne Worte im Sinne des Einwohnens in Gott ergänzen einander.

Zweitens: Wahrheit muss wieder etwas werden, das dem Denken und dem Erfahren zugleich zugänglich ist. Vertrauen wir unserer Erfahrung? Haben wir Erfahrungen gemacht, die uns von Gott etwas gesagt haben? Und hat unser Glaube mit diesen Erfahrungen etwas zu tun? Wir werden, wenn wir christlichen Glauben bezeugen wollen, ein neues Vertrauen zu unseren eigenen Erfahrungen gewinnen müssen.

Drittens: Glauben wir wirklich, dass uns der Geist Gottes gegeben ist? Und wie drückt es sich aus, dass wir Trä-

ger dieses Geistes sind? Macht uns das frei von Autoritäten im Staat oder in der Kirche? Drückt es sich aus in der Unabhängigkeit unseres Glaubens?
Viertens: Sehen wir in der Kirche nur die Organisation, die Bischöfe und die Pfarrer, oder hat der Gedanke vom geistigen Leib des Christus, der wir miteinander sind, noch Bedeutung für uns?[41]

Was wir gewinnen, wenn wir die mystische Überlieferung in diesem Sinne aufnehmen und neu ernst nehmen? Eine vertiefte Spiritualität. Ein weites, größeres Gottesbild als nur das personale. Eine Weltsicht, in der alles mit allem zusammenhängt. Eine neue sozialpolitische Energie, eine Energie des Verantwortlichseins für das Große wie das Kleine. Eine neue Sprache, um sich mit den Naturwissenschaften ernsthaft und auf Augenhöhe auseinandersetzen zu können. Einen neuen Geist, in dem sowohl die Konfessionsgrenzen als auch die Grenzen der Religionen akzeptiert und zugleich überwunden werden können. Doch ein solcher Paradigmenwechsel vollzieht sich nicht von oben verordnet. Er wächst von unten. Bei den einzelnen Menschen.

Aufrichten und Ausrichten. Die eigene Sprache finden

Religiöse Erfahrung? Hab ich nicht. Beten? Kann ich nicht. Glauben? Auch nicht. Na und. Fang an damit. So hört man Jörg Zink durch unzählige Reden und Bücher hindurch, und das schon längst, bevor er das, was er Mystik nennt, öffentlich diskutiert. Denn er wendet sich an die einzelnen Menschen. Er bleibt pädagogisch interessiert, auch als er nicht mehr für die evangelische Mädchenarbeit in Deutschland zuständig ist und auch keinen Religionsunterricht mehr gibt. Nicht für die Glaubenssicheren will Jörg Zink Theologie machen, nicht für spirituelle Meister oder Nobelpreisträger oder Erleuchtete. Sondern für Fußgänger. Wege zeigen will er, die man wirklich, tatsächlich, ohne teuren Abendkurs und ohne Theologiestudium gehen kann. Auf denen man »einfach mal« anfangen kann.

Jörg Zink sagt: Vielleicht gibt es solche kleinen Erfahrungen, die über das hinausweisen, was nach landläufiger Meinung die Welt ausmacht. Träume, Vorausträume. Wissen, Vorauswissen. Simultanphänomene. Nahtoderfahrungen. Liebeserfahrungen. Grenzüberschreitungen. Man muss sie noch nicht religiöse Erfahrungen nennen. Aber man muss sie zunächst einmal wahrnehmen. Und für wahr nehmen. Sie gibt es. Sie geschehen. Sie stehen im Widerspruch zu dem, was wir in der Schule gesagt bekommen. Zu *religiösen* Erfahrungen werden sie in dem Moment, in dem sie zu einer Antwort aufrufen. Mit dieser einfachen Beschreibung bringt Jörg Zink auf den Punkt, worüber sich Studenten und Professoren seit Jahren uneins sind, wie bitteschön könne eine Erfahrung als *religiöse* Erfahrung identifiziert werden? Antwort Zink: Indem sie Beziehung stiftet. Indem sie Auslöser wird, selbst ein Angerufener und Antwortender zu werden. *Zur religiösen Erfahrung aber wird es, wenn dabei Sinn aufleuchtet, wenn ein Vertrauen uns zu erfüllen beginnt und wenn es zu dem Gegenüber hinführt, zu dem zu sprechen, auf das sich zu verlassen möglich ist.*[42] Nicht umsonst bezeichnet Jörg Zink Martin Buber, dem er zu Studentenzeiten einmal begegnen durfte, als einen seiner Lehrmeister.

Jörg Zink sagt weiter: Man kann und man muss lernen zu lauschen – auf das Herz, auf die Tiefe der Wirklichkeit, auf Gott. Aber man muss dazu nicht ins Kloster gehen. Nicht zum Zen-Meister werden. Man muss nicht einen langen, steinigen, entbehrungsreichen Weg gehen, der vielleicht, sollte man auserwählt sein, zur Erleuchtung führt. Es kommt nicht darauf an, sich abzusondern, sich eine Gegenwelt zu bauen, sondern mitten in der Welt sich selbst – und damit dann auch sie – zu verändern. Man sollte sich, wenn man auf dem Weg ist, wenn man sich an Regeln oder Weisungen spiritueller Meister hält, davon nicht einengen oder abhängig machen lassen. Im Gegenteil: Auf den *eigenen* Weg kommt es an. Und so ist das, was Jörg Zink – durchaus mit Bezug auf die alte, mittelalterliche Tradition des Sich-Versenkens – als gangbare Wege zur religiösen Erfahrung,

s.: Ich bete an die Macht der Liebe ... Schluss.

zur christlichen Meditation, anbietet, immer nur ein Vorschlag und oft genug verbunden mit dem Zusatz: Wenn du nicht so magst, versuch es andersherum. Auf den Versuch kommt es an. Auf das Anfangen. Dann wird sich dein Leben weiten. Wird sich die Wirklichkeit weiten. Und dein Herz.

Ich habe Jesus gefragt:
Wohin soll ich gehen?
Hast du eine Richtung für mich?
Was ist mein Ziel?
Und ich höre ihn sagen:
»Ich zeige dir dein Ziel
in Spiegelungen und Gleichnissen.
In Spiegelungen von Licht
wie in strömendem Wasser,
in Hell-Dunkel-Spielen
wie in Scherben von Glas.
Aber dann – dann wirst du das Licht schauen.
Das Licht, Gott selbst.

Geh den nächsten Schritt.
Nicht den Schritt bis ans Ende der Welt.
Nur den nächsten.
Lass dich einen Träumer schelten
von denen, die sagen:

›Mit beiden Füßen muss der Mensch
auf der Erde stehen!‹
Wer ein Ziel erreichen will,
muss unterwegs sein.«[43]

Sich ansprechen lassen und antworten können. Übersetzungen, Gebete, Nachdichtungen

Die Erfahrung der religiösen Sprachlosigkeit der Menschen war es, die Jörg Zink schon direkt nach seinem Theologiestudium betroffen machte. 1957 bis 1961, vier Jahre lang, arbeitete er als Direktor des Burckhardthauses in Gelnhausen. Das Burckhardthaus war damals die Zentrale der evangelischen Mädchenarbeit in Deutschland, dort war man auch zuständig für die Ausbildung der Gemeindehelferinnen. Jörg Zink war mit 35 Jahren Vorgesetzter für einen großen Kreis selbstbewusster, erfahrener Frauen, die zum Teil doppelt so alt waren wie er. Das war nicht einfach. Mit Geschick, Erfindungskraft und der nötigen Portion Humor entwickelte er innerhalb des ihm gesteckten Rahmens neue Wege.

Das Burckhardthaus war eine Wohn- und Arbeitsgemeinschaft für viele unterschiedliche Menschen, Familien, Dauerbewohner und Gäste, von einer Mauer umgeben, mit einer öffentlichen Buchhandlung und einem kleinen Verlag. Jörg Zink rief eine Schriftenreihe ins Leben (Rote Reihe), gründete einen Dia-Verlag und entwickelte die Bildmeditation als seine Methode, die er auch im Rahmen der Ausbildungskurse für Gemeindehelferinnen weitergab. Durch seine neuen Aufgaben lernte er Kalkulation und Vertrieb von Büchern und bekam einen Überblick über den Buchmarkt – und über das, was dort fehlte, um neu, ungezwungen und sinnvoll über den christlichen Glauben zu sprechen. Als ästhetisch fühlender Mensch gestaltete er außerdem das Ensemble des Burckhardthauses um: Er veranlasste die Reparatur des kriegsgeschädigten Parks, pflanzte viele junge Bäume und ließ einen Saal errichten.

Das Burckhardthaus war die zentrale Anlaufstelle für die internationale christliche Mädchenarbeit in Westdeutschland, wie sie in der YWCA (Young Women's Christian Association) organisiert ist. Daher stand Jörg Zink auch in regem internationalen Austausch, unter anderem mit Vertretern des Ökumenischen Rats der Kirchen und aus Ländern der so ge-

Jörg Zink kümmerte sich um jedes Detail. In der Freizeit entsteht der Umschlag für ein Programmheft des Burckhardthauses.

nannten Dritten Welt. Die Zusammenarbeit mit Ernst Lange, der als Dozent und Lektor im Burckhardthaus lebte, war für Jörg Zinks Blick auf die Bibel sehr wichtig. Ernst Lange, der als »Halbjude« den Terror der Nationalsozialisten nur knapp überlebt hatte, nach dem Krieg als charismatischer Pfarrer und Theologe viele neue Wege für die öffentliche kirchliche Arbeit entwickelte und später als Professor in Berlin lehrte, verschaffte ihm ganz neue Perspektiven auf die biblischen Geschichten.

All das führte zu einem Projekt, das Jörg Zink viele Jahre in Anspruch nehmen wird – die Neuübertragung biblischer Texte. Auslöser dafür war die Begegnung mit jungen Frauen in Berlin. Auch dort war er als Direktor des Burckhardthauses oft, denn er war zugleich beteiligt an der Mädchenarbeit in der DDR – in den Jahren vor dem Mauerbau war der Austausch noch möglich. Im Gespräch mit den jungen Menschen in Berlin wurde ihm bewusst, dass die meisten überhaupt keine Ahnung von der Bibel hatten. Dass die biblischen Worte auf keinerlei Resonanz stießen. Er begann ein Spiel: Wöchentlich schickte er jungen Arbeiterinnen aus Berlin-Wedding einen Bibeltext, wöchentlich antworteten die Jugendlichen und beschrieben, was der Text in ihnen anregte, in ihnen auslöste. Das Resultat war ernüchternd. Das meiste ging seiner Meinung nach an der Botschaft des Evangeliums vorbei. Etwa fünf Jahre begleitete es daraufhin seine Arbeit, biblische Texte neu zu übersetzen und in eine gesprochene, erzählende Sprache zu übertragen, erst das Neue Testament, dann Teile des Alten, die er in ihre historische

Abfolge brachte. Seine Übersetzungen kamen und kommen viel zum Einsatz – auch wenn es zunächst seitens der Kirchen viel Widerstand gab – was brauche man solche neuen Übersetzungen, Luther sei unübertroffen und viel wichtiger, außerdem dürfe man nicht derart frei mit den biblischen Texten umgehen. Jörg Zink ging den Weg aber konsequent weiter und stattete manche zentralen christlichen Texte wie den aaronitischen Segen, der am Ende jedes Gottesdienstes gesprochen wird, mit aufweitenden Deutungen aus.
Das Buch »Womit wir leben können« (1963), eine Sammlung solcher zentralen Texte, erreichte eine Gesamtauflage von 1,4 Millionen. Eine erste Übertragung des Neuen Testaments erschien 1965. Parallel zum Größerwerden der eigenen Kinder schrieb er gemeinsam mit Heidi Bücher für das gemeinsame Nachdenken, Beten und Glauben in der Familie, so zum Beispiel »Dies Kind soll unverletzet sein. Gebete für Mutter und Kind« – ein erstes Gebetbuch für sehr kleine Kinder (1962), außerdem eine Einführung in religiöse Fragen für Kinder unter dem Titel »Kriegt ein Hund im Himmel Flügel? Religiöse Erziehung in den ersten sechs Lebensjahren« (1972, überarbeitete Fassung 2003) und später dann noch einmal ein Buch mit Kindergebeten »Wie Sonne und Mond einander rufen« (1980) – ebenfalls ein Werk, das über Jahrzehnte in den Familien in Gebrauch war und ist. Für Konfirmanden entstand das Buch »Deine Zeit und alle Zeit« (1964). All diese Bücher fanden eine hohe Verbreitung und wurden, wie später viele andere, in zahlreiche Sprachen übersetzt.

Vater im Himmel,
wir bitten dich um deinen Schutz
für diesen neuen Tag.
Du bist über uns und um uns.
Du bist die Sonne.
Du bist der leuchtende Himmel.
Du bist Regen und Wind.
Du bist selber der Weg
durch diesen Tag.
Behüte uns vor allem Übel.
Behüte die Menschen, die wir lieben,
von der Frühe dieses Morgens an
bis zur Ruhe der Nacht.
Wir danken dir, dass du da bist,
Vater im Himmel. Amen. [44]

Ein Gebet für Eltern:
Herr, Gott, du bist das Licht.
Die Erde aber ist dunkel,
die Angst ist groß
unter uns Menschen.
Viele warten auf dich,
und wir warten mit ihnen.
Du bist wehrlos
in diese Welt getreten,
um den Wehrlosen nahe zu sein.

Als Kind, angewiesen
auf die Sorgfalt von Menschen,
um uns zu zeigen, dass du uns
nahe bist in den Schutzbedürftigen.
Wir möchten bereit sein für dich,
wir und unsere Kinder.
Sei uns nahe, wenn wir Licht
und Trost suchen.
Begleite uns und zieh uns
und unsere Kinder zu dir.
Herr, gib Frieden auf Erden
allen, die Frieden suchen.
Du bist der Friede.
Mach uns zu Werkzeugen
deiner Güte
und deiner Barmherzigkeit
und unser Haus
zu einem Ort des Friedens.
Herr, du bist das Licht
der Liebe, in der wir sind;
wir preisen dich. Amen. [45]

Für diejenigen, die meinen, sie könnten nicht beten, verfasst er eine Anleitung zu etwas, was Kirchen normal und für selbstverständlich halten – 1970 erscheint das Buch »Wie wir beten können«.

Auch beten muss man lernen, sagt Jörg Zink, und wir müssen es in unserer eigenen Sprache lernen, damit wir selbst es sind, die sprechen, antworten, lauschen, und nicht »die« Kirche, »die« Tradition, »der« Pfarrer. In diese Richtung geht auch das Buch »Aufrecht unter dem Himmel. Wie man beten lernen kann« (1994) – ein Titel, der so viel über sein Denken und auch sein Leben aussagt, dass die Festgabe zu seinem 90. Geburtstag noch einmal unter diesem Motto erscheint. *Wer ein freier Mensch sein will, der muss den aufrechten Stand üben und den aufrechten Gang. Und heute noch stehe ich manchmal nachts allein auf einem Feld und mache mir klar, wer ich bin, wie ich heiße und wie mein Leben ablief. Man kommt näher zu sich selbst, wenn man so etwas macht. Man beginnt zu verstehen, wer man ist. Und das ist auch wichtig, wenn ich anfangen will, mich sozusagen Gott gegenüberzustellen, um zu ihm zu sprechen.*[46] Dieses Buch, diese Anleitung zum Beten zielt mitten ins Zentrum dessen, was Glaube für Jörg Zink ist: in Beziehung sein. Aufrecht unter dem Himmel. Sich unter dem Himmel wissen, und aufrecht zu ihm sprechen, mit eigener Kraft und eigenen Worten. Und wenn es mit Worten der Tradition ist, dann so, dass man sich autorisiert und befähigt sieht, diese zu den eigenen zu machen. Vater unser im Himmel? *Wir können auch sagen. Mein Vater im Himmel oder meine Mutter im Himmel. Wichtig ist nur, dass Gott für dich nicht den großen Ernst verliert, der im Wort Gott liegt, und seine Würde. Dass du nicht vergisst, wie über jede Vorstellung hinaus groß er ist und wie geheimnisvoll.*[47] Dabei steht das »Aufrecht« im Titel des Buches zugleich für die politische Mystik, die Jörg Zink vertritt, und die er in jeder mystischen Tradition der Erde wiederfindet. Wer sich verbunden erfährt mit allem, was ist, der fühlt sich aufgerufen, in aller Freiheit aufzustehen gegen Unrecht, Krieg und Zerstörung. Jörg Zink führt viele Zeugen an, mit denen er sich über Jahre ins Gespräch zurückgezogen hatte, bevor er nun selbst mit einstimmt: Jesus, Paulus, Johannes, Clemens von Rom, Ignatius, Origenes, Gregor von Nyssa, Augustin, Gregor der Große, Hildegard von Bingen, Mechthild von Magdeburg, Gertrud die Große, Bernhard von Clairvaux, Franz von Assisi, Meister Eckhart, Johannes Tauler, Heinrich Seuse, Thomas a Kempis, Katharina von Siena, Jan van Ruysbroek und dann die evangelischen Mystiker wie Johann Arnd, Johann Gerhard, Philipp Jakob Spener, Nikolaus Ludwig von Zinzendorf, Michael Hahn oder Jakob Böhme und viele andere. *Es ist überhaupt wichtig, dass wir sehen: Mystik ist nichts, das den Menschen notwendig aus der Welt hinauswiese, im Gegenteil, die Mystiker kamen nach ihren inneren Wegen zu Gott mit neuer und großer Freiheit zurück in die Welt und forderten dort Reform auf allen Gebieten, eine Veränderung des Bewusstseins oder der Strukturen. Und wenn so viele von ihnen von ihrer Kirche ausgestoßen oder verurteilt wurden, dann nicht wegen ihrer Frömmigkeit, sondern wegen ihrer revolutionären Energie.*[48]

Du kannst in einer bestimmten Stunde und für bestimmte Menschen zu einem Wort werden oder doch wenigstens in die Nähe dessen kommen, was an dir Wort wäre. Ein Wort sein, das kann so aussehen, dass ein Mensch durch dich und das, was du ihm sagst, ermutigt wird, dass er Trost findet, dass er ein Stück Freiheit findet, dass er seinen Schritt in der nächsten Stunde mit mehr Vertrauen setzt. Wenn du zu einem Wort geworden bist, dann gehen Liebe und Klarheit, Vertrauen und Zuversicht aus von dir für jeweils den Menschen in deiner Nähe, der ohne ein solches Wort an seinem Leben und Schicksal verzagte. Und vielleicht begegnet dir in einer guten Stunde auch selbst ein Mensch, von dem du empfindest: Was der mir sagt, kommt weiter her als nur von diesem Menschen. Er ist – für mich – das Wort, das mich meint.[49]

Erfahrungen zu machen ist eine Sache der Aufmerksamkeit. Es ist lernbar. In mehreren Büchern wird Jörg Zink erst implizit, dann ganz konkret Wege in die Meditation, in die Versenkung, in die Stille zeichnen, parallel zu den Büchern, die den Weg der Mystik theologisch reflektieren. Als Anleitungen im weitesten Sinne verstehen sich auf alle Fälle die drei Bücher »Die goldene Schnur. Anleitung zu einem inneren Weg« (1999), »Gotteswahrnehmung. Wege religiöser Erfahrung« (2009) und »Gottesgedanken. Vom inneren Weg eines

Christen« (2012). Es geht dabei, das dürfte deutlich geworden sein, nicht um Abgeschiedenheit oder Versenkung als Selbstzweck, sondern es geht um viel mehr: um die Fähigkeit, einen neuen Blick auf alles, was ist, zu gewinnen, in Beziehung zu sich, zu Gott und zur Welt zu treten. *Die Fähigkeit, Erfahrungen zu machen und dabei Grenzen zu überschreiten, ist nichts, was wir haben oder nicht haben, sondern etwas, das sich durch Einübung verfeinern, präzisieren und erweitern lässt. Das sagen wohl alle Religionen, auch das Christentum. Heute stellen wir fest, dass wir Abendländer mit erschreckender Einseitigkeit unseren Verstand entwickelt haben, so sehr, dass wir nun wie in einer Welt leben, die aus dem besteht, was der Verstand zu erkennen vermag. Dabei haben wir ganze Bereiche unserer Seele und unseres Geistes veröden lassen. Das Hören des Leisen, das Sehen des Verborgenen, das Einvernehmen mit dem Fremdartigen, vor allem auch die Ehrfurcht vor dem, das sich uns entzieht, haben viele unter uns verloren. Nun sind aber die Grenzen unseres Erkenntnisvermögens nicht festgelegt. Nicht nur unsere rationalen Fähigkeiten können erweitert werden, sondern auch unsere Einsicht in die Farben- und Gestaltenwelt seelischer und geistiger Bilder und Symbole und die Sprache, mit der wir innere Wahrnehmung und Erfahrung zu beschreiben vermögen. Wir können durchaus schauen, was wir nicht sehen. Wahrnehmen, was eine verborgene Wahrheit für uns bereit hat.*[50]

Den Wegen der Einübung, die Jörg Zink vorschlägt, ist Folgendes charakteristisch: In den ersten Stufen dieser Einübung kommt es darauf an, sich zu konzentrieren, sich zu versammeln, bei sich zu sein, *adesse* – anwesend zu sein, im Hier und Jetzt, in der Gegenwart, offen, ohne Gedankenflimmern, ohne Worte. Und diese Konzentration auch in den Alltag, in Gespräche, in Beziehungen mitzunehmen. Nichts spezifisch Christliches also, aber eben auch nichts spezifisch Unchristliches, sondern sehr wohl etwas spirituell Notwendiges. Auch dabei vertraut Jörg Zink auf die Weisheit des Einzelnen, der einen Übung nachgehen, die nächste aber nicht für sich fruchtbar machen zu können. *Ich rede nicht von den Tageszeiten. Ob es der Morgen ist oder Abend, ist zu sehr von dem Rhythmus abhängig, in dem du lebst. ... Ich lasse auch offen, in welcher Stellung oder Haltung die eine oder die andere Besinnung zu geschehen habe ... Ob wir nun die Arme heben und ausbreiten, die Hände schließen oder falten, ob wir uns bekreuzigen, ob wir knien, sitzen, hocken oder eine der aus dem Osten überlieferten Sitzhaltungen einnehmen, das kann keiner dem anderen vorschreiben. Ich selbst habe oft in die stärkste Sammlung gefunden, wenn ich auf dem Rücken unter einem Baum lag und den Stamm entlang nach oben blickte. ... Und was soll man »nebenher« tun? Ich selbst habe oft am intensivsten meditiert, wenn ich auf der Hobelbank ein Möbelstück aus Kiefernholz fertigte. Als einer einmal bei seinem Bischof anfragte, ob man beim Beten rauchen dürfe, erhielt er die Antwort: »Nein!« Als er später fragte, ob man beim Rauchen beten dürfe, die Antwort: »Selbstverständlich ja.«*[51]

Der Grundgedanke der evangelischen Mystik war, der Mensch müsse eine Wiedergeburt erfahren als einen Entstehungsprozess des inneren Menschen, der durch das innere Wort genährt wird und durch den ein Rest von göttlichem Ebenbild wiedererweckt wird. Dabei ist das innere Wort dem äußeren übergeordnet. Der spirituelle Weg aber geht danach vom Geist zum leiblichen, zum sozialen Leben.[52]

In darauf folgenden Stufen der Meditation macht Jörg Zink immer wieder drei Vorschläge, wie eine spezifisch christliche Meditation aussehen könnte. Denn nach der Konzentration, dem Sich-Sammeln, dem Leerwerden will er nicht stehenbleiben. *Die spirituelle Tradition sagt: Lass dein Ich hinter dir. ... Unser Weg von uns selbst weg ist aber ein Suchen nach der Gestalt, die unser Leben annehmen soll.*[53] Denn wenn man mit Jörg Zink das Besondere einer christlichen Meditation herausschälen will, dann richten sich die Gedanken am Ende nicht in die Leere. Sie orientieren sich an der Gestalt Jesu, als unser eigenes Urbild, als das Urbild einer Gottes- und Menschenbeziehung. *Christliche Meditation setzt ein, wenn es um dreierlei geht: Erstens um das Wort, das Jesus Christus gesprochen hat oder das über ihn gesagt wurde. Zweitens um die Gestalt dieses Mannes. Drittens um den Weg, den er gegangen ist. Und das Ziel ist wiederum dreierlei: Dass erstens der Meditierende selbst zu einem Wort, zu einer Stimme wird.*

Zweitens, dass die Gestalt dieses Jesus Christus ihn prägt, und drittens, dass er, indem er jenen Weg betrachtet, seinen eigenen Weg findet.[54]

Das heißt: Christliche Meditation und Kontemplation nach Jörg Zink hat nichts Unterwürfiges, nichts Demütiges, stellt keine Vorbedingungen, braucht keine Sündenvergebung, keine Dogmatik, sondern letztlich nur den Mut, mit Jesus ein Gespräch zu beginnen. Sie verschwimmt nicht im Halbdunkel, sondern will ins Licht: *Was ist »Erleuchtung«? Stehen wir nun als »Erleuchtete« wie Straßenlaternen in der Dunkelheit? … Die Bibel spricht anders: Gott ist das Licht. Wir sind sein Spiegel. Unser Gesicht wird hell durch das Licht, das uns trifft. … Hier geht es praktisch darum, dass wir endlich begreifen, gerade wir Protestanten, die immer dazu erzogen worden sind, gering von uns selbst zu denken, dass wir auf ein Zielbild hin angelegt sind, das schöner und reifer ist als unser gegenwärtiger Zustand.*[55] Und so führt die Meditation mitten in die Welt hinein.

II. AUFRECHT. ERFAHRUNGEN DES KRIEGES – POLITISCHE THEOLOGIE

Initiationen. Wiedergeburt aus Feuer und Wasser

Als Jörg Zink 1942 zu seiner Staffel kam, um als Funker im Langstreckenjäger in den Luftkampf zu ziehen, sagte man ihm: Wenn du Glück hast, überlebst du sechs oder acht Wochen. *Merkwürdig,* schreibt er viele Jahre später, *darin lag nichts.*[56] Der Tod war zu selbstverständlich. Die toten Kameraden schnell vergessen. *»Du bist nichts, dein Volk ist alles«, das hatten wir gelernt.*[57]

Jörg Zink hat überlebt, einer von dreien eines Geschwaders mit 400 Männern. Aus all den Erfahrungen der Todesnähe und der Bewahrung – er stürzte dreimal ab – stechen einige Begegnungen heraus, die ihn von diesem »Nichts« wieder zum Menschen machen, zum Mitmenschen. Die ihn letztlich zu dem Mann aus Nazareth bringen. Und ihm deutlich vor Augen führen: Wer will, dass die Welt so bleibt, wie sie ist, der will nicht, dass sie bleibt – diesem Satz von Erich Fried hat er sich immer wieder angeschlossen. Mit Klarheit und Schärfe wird Jörg Zink im Nachkriegsdeutschland zeigen, wie ein Leben nach der Bergpredigt denn aussehen könnte. Welche Aufgaben die Kirchen versäumen, und welche ihnen gut anstehen würden.

Zwischen den Trümmern seines abgestürzten Flugzeugs 1944 in Vannes.

Wie ein Mensch, der Erfahrungen mit Gott und sich auf die Spur Jesu gemacht hat, zur Verantwortung geführt wird, für Gerechtigkeit, Frieden und Bewahrung der Schöpfung einzutreten. In diesem zweiten Teil soll es um die Erfahrungen gehen, die im Krieg und der Nachkriegszeit Jörg Zink nach Jesus fragen ließen und ihn zu einem politischen Theologen machten.

Die Zerrissenheit, die Jörg Zink, Unteroffizier, Funker, zuletzt Pilot, während des Zweiten Weltkriegs erlebt, spiegelt sich nicht nur in seiner inneren Emigration in die Gegenwelt der Dichtung, sie durchzieht auch sein Tagesgeschäft:

Fliegen – das ist sein Traum. Töten sollen – das ist sein Albtraum. Als Funker sitzt er gegen die Flugrichtung und sichert den Luftraum nach hinten ab. Im Jagdflieger bleibt ihm das Töten abstrakt, er feuert nicht auf Menschen, er zielt auf Maschinen, wenn er über der Ostsee nach russischen U-Booten sucht oder über dem Atlantik deutsche U-Boote gegen alliierte Bomber verteidigt.

Vom Fliegen erzählt er gerne, von dem Übermut, dem Todeskitzel, den Kindereien unter den Gefährten, dem Gefühl der Freiheit. Wie sie im Dreierteam die Schönheit der Erde von oben erleben, den Mondschein über den Pyrenäen, die Weite des Atlantiks. Wie sie die Grenzen des Machbaren austesten, im Tiefflug zwischen Häusern und Strommasten, zwischen Bäumen und unter Brücken hindurchtauchen und dabei die Tatsache ignorieren, dass Kameraden nicht nur im Feuer des Kriegs, sondern auch im Feuereifer des Übermuts ums Leben kommen. *Es war Fliegen in seiner absurdesten, für uns in seiner herrlichsten Form. ... Ich habe heute noch ein Stück von einem Ast eines Apfelbaums, den ich nach einem solchen Flug neben meinem Sitz fand. ... Wir stellten in achttausend Metern Höhe die Maschine auf den Kopf, stürzten senkrecht durch und fingen in tausend oder in achthundert Metern Höhe ab, gerade so spät, dass die Abfangkurve noch knapp über dem Boden endete. Einmal flogen bei einem solchen russischen Roulette die Schiebefenster weg und die Tankdeckel, und am Ende zogen wir zu dritt am Steuerknüppel mit dem Erfolg, dass wir das Flugzeug zwischen den beiden Blöcken eines Krankenhauses abfingen. Es war der Kitzel der Gefahr, die Frage: Wo ist die Grenze, technisch, fliegerisch, psychisch?*[58]

Dass Jörg Zink aber nicht *nur* vom Fliegen und den damit verbundenen Abenteuern der Zeit des Krieges erzählt, son-

»Ich liebte das Fliegen und verabscheute es, Soldat zu sein.«

dern auch von dem Anderen, der Angst, der Bedrückung, der Todesnähe, der Perversion der Menschlichkeit, der Gottverlassenheit, das unterscheidet ihn von vielen seiner Generation. Ein solches Erzählen, so erkennt er später, ist allerdings die Grundbedingung, um nach den Jahren des Millionensterbens, und das heißt auch Millionentötens, wieder ein Mitmensch zu werden, ein soziales Wesen. *In mir selbst blieb so auch mein Leben lang der heimliche Wunsch, stumm sein zu dürfen.*[59] Doch er hat geredet – und er hat sich aus dem Trauma der Erinnerungen befreien können, in dem Maße er sich aufgemacht hat, sich für eine bessere, lichtere, gott- und menschengemäßere Welt einzusetzen.

> *Hier liegt eines der Generationenprobleme unserer Zeit. Die Revolte von 1968 fragte: Was habt ihr Väter und ihr Mütter im Reich Hitlers eigentlich getan? Seid ihr mitgelaufen? Wart ihr an den Verbrechen beteiligt? Habt ihr euch in eure Privatwelt zurückgezogen – oder was? Die Väter haben nicht viel als Antwort gegeben. Sie blieben zumeist stumm. Aber Väter und Großväter, Mütter und Großmütter, die nicht erzählen, bleiben ihren Kindern und Enkeln am Ende unbekannt und werden im Laufe der Jahre lästig. Sie werden entbehrlich.*[60]

Noch im Krieg redet sich Jörg Zink ins Leben zurück, denn sein Eigensinn bringt ihn nicht nur gelegentlich in den Arrest, sondern einmal beinahe an die Wand. Unteroffizier

Zink, 21 Jahre alt, hat Weihnachten 1943 einen Umweg gemacht, einen Umweg zurück in die Menschlichkeit. Als er am Bahnhof in Hannover geschmückte Christbäume sieht, fährt er kurzentschlossen nach Hause, zur Familie, nach Ulm. Er soll sich ja erst am 28. Dezember in der Bretagne, am Einsatzfliegerhorst melden! Doch sein eigenmächtiges Handeln wird bemerkt, die Militärpolizei kassiert ihn bei Göppingen ein, Vorwurf Fahnenflucht. Es gelingt ihm, sich mit erfundenen Geschichten herauszureden und vor dem Kriegsgerichtsrat in Quimperlé an der bretonischen Küste die Anklage wegen Fahnenflucht herunterzudefinieren auf »unerlaubte Entfernung von der Truppe« – worauf statt Erschießen nur Gefängnis steht. Und als dies vollbracht ist, redet er weiter, bis aus dieser unerlaubten Entfernung eine »Unterbrechung einer Dienstreise« geworden ist – und das heißt schließlich für ihn lediglich vier Wochen Gefängnis in Vannes, an der Bucht von Morbihan.

Gemeinsam mit einigen deutschen Matrosen, die wegen Zersetzung der Wehrkraft oder Fahnenflucht verurteilt sind, sitzt er in einem kalten, dunklen Gemäuer. Auf viele seiner Mitgefangenen wartet der Tod. Auf der anderen Seite des Flurs sind die Feinde eingekerkert, Leute aus der französischen Widerstandsbewegung, aus dem »Maquis«, auch sie in Erwartung der Hinrichtung. Und im Angesicht des Todes, des großen Gleichmachers, werden aus Gegnern wieder Menschen. Drüben, bei den Feinden, entdeckt Jörg Zink einen, der besonders ist. Der ihm zum Bild wird. Der ihm durchlässig wird auf den Gekreuzigten hin. Der ihm zeigt, dass man Jesus auch heute noch begegnen kann.

Zur Essenzeit kamen zuerst wir Deutschen an die Reihe, dann wurden wir eingeschlossen und die Franzosen stellten sich hintereinander auf, ihre Blechnäpfe in der Hand. Wir sahen sie durch die Gucklöcher in unseren Zellentüren. Einer der Aufseher sagte mir damals: Die werden alle erschossen. Es sprach sich auch herum, sie seien auf schreckliche Weise gefoltert worden. In den wenigen Tagen, die sie noch lebten, fiel mir ein schmaler Mann mittleren Alters auf mit der Art, wie er sich gab, wie er sich bewegte. Sein Gesicht zwischen all den harten, verstörten Gesichtern der Gefangenen war von einer auffallenden Gelassenheit. Mit einer freundlichen Handbewegung und einem Lächeln bedankte er sich bei dem bewaffneten Aufseher, der ihm die Suppe in den Blechnapf goss. Dann ging er ans Ende des Flurs, stand dort einen Augenblick still und gesammelt und schlug mit der Hand das Kreuz. Diese senkrechte und waagerechte Linie stand nun wie festgezeichnet vor ihm und seinen Mitgefangenen, während er aß. … Eines Tages fehlte er unter den Gefangenen. Für mich steht er nach wie vor in meiner Erinnerung, wie er seinen Napf hinhält, ein Mensch, in nichts Ausdruck seines Schicksals oder seiner Umgebung. Frei und selbstständig er selbst in seiner stillen, unaufdringlichen Freundlichkeit gegenüber Freund und Feind. … Leise begann sich mir mein Bild von so genannten Siegern und Besiegten zu verändern. So zu werden wie er – ging mir durch den Kopf –, das würde sich lohnen.[61]

Im Spiegel mit der Begegnung dieses Maquisard liest der Unteroffizier Zink dort im Militärgefängnis in einer kleinen Taschenausgabe des Neuen Testaments, dem einzigen Buch, das neben Hitlers »Mein Kampf« mit in die Zelle genommen werden durfte. Er liest es mit Befremden. Es ist ihm praktisch unbekannt. Das meiste ist auch nicht nach seinem Geschmack. Aber hier und dort bleibt er an einem Wort, an einem Satz hängen. Da redet einer von Frieden. Da heilt einer eine verkrümmte Frau. Da geht einer mit eigentümlich heiterer Gelassenheit, Zuversicht und Gottvertrauen in seinen eigenen Tod. Und da sagt einer: In der Welt habt ihr Angst, aber seid getrost, ich habe die Welt überwunden. *Was das Wort meint, ist mir an jenem schmalen Franzosen zum erstenmal aufgegangen, und es ist mir bis zum heutigen Tag an seiner Gestalt sichtbar. Ich habe an ihm gelernt, mich auf dieses »Ich habe die Welt überwunden« zu verlassen und mich weniger zu fürchten.*[62]
Zu dieser eindrücklichen Begegnung im Gefängnis kommt eine zweite, zwei Monate später, am 10. April 1944. Unterwegs Richtung Westen mit der Ju 88, zu dritt im Fernjäger, Gerd der Pilot, Willy der Beobachter und schließlich Funker Jörg. Ein Verband von 12 Maschinen, in Keilform geordnet, auf der Suche nach Überlebenden im Atlantik, nach einem Angriff der Alliierten auf deutsche U-Boote. Jörg Zink beobachtet den Luftraum gegen die Flugrichtung, von wo aus die Feinde meist angriffen. Und sie kamen. Flugzeuge in der Überzahl. *Einer von ihnen erschien plötzlich dreißig Meter hinter uns und beschoss uns aus seinen zehn Kanonen. Ich sah*

den Piloten genau. Es war ein dunkelhäutiger Amerikaner in einer weißen Fliegerhaube; mit einem breiten Lachen quittierte er seinen Erfolg. Kaum länger als eine Sekunde sah ich ihn sitzen, dann explodierte seine eigene Maschine unter dem Beschuss eines der Unseren.[63] Immer wieder hat Jörg Zink von dieser Begegnung erzählt, in der Luft, zwischen Himmel und Erde, Leben und Tod, Freund und Feind. War ihm die Licht-Erfahrung in den Wäldern seiner Kindheit zur ersten Urerfahrung der Weite der Wirklichkeit geworden, ist dies die zweite Urerfahrung, die ihm im Antlitz eines Menschen aufgehen lässt, wie wir wirklich gemeint sind. *Die damalige Erfahrung hat mich stärker geprägt, als ich durch lange Strecken meines Lebens gemeint habe. Sie hat in mir sofort und unüberhörbar die Frage geweckt, wie es denn komme, dass ich ohne weiteres bereit war, jenen jungen Schwarzen, der mich abschoss, als meinen Feind anzusehen. Was war an ihm anders als an mir? Was war an den Befehlen, die er befolgte, anders als an den Befehlen, die ich zu befolgen hatte? Könnte er nicht mein Freund gewesen sein? Was mir blitzartig klar war, war dies: Du glaubst, für irgendetwas Gutes gegen irgendetwas Böses zu kämpfen. Das gibt deinen Bemühungen Sinn und Recht. Irrtum! Das Böse und das Gute verteilen sich gleichmäßig, wo immer Menschen am Werk sind. Es ist alles in dir selbst. Die dunkle Ikone des Menschengesichts in der weißen Fliegerhaube blieb mir eingebrannt. Sie blieb der dunkle Kern einer neuen Sicht der Welt. Als ich später davon hörte, wir erkennten Gott in den Gesichtern der Menschen, da begann ich sofort zu ahnen, ich hätte im Grunde hier zum ersten Mal das Gesicht Gottes gesehen.*[64]

Die Maschine stürzt brennend ins Meer. Das Flugzeug schlägt unter Wasser, viele Meter tief. Jörg Zink kann sich aus der Maschine befreien, und er glaubt dennoch, dies sei sein Tod. Eine Luftblase in seinem Fallschirm dirigiert ihn an die Wasseroberfläche. Sturm und Wellen, der sehr weite und sehr kalte Atlantik erwarten ihn. Gerd, der Pilot, bleibt in den Tiefen, er hatte seinen Tod vorausgeahnt. Willy, der Beobachter, taucht auf. »Mensch, Jörg!«, schreit er durch den Sturm. »Mensch, Willy!«, schreit der zurück. Und was er in seinen Erinnerungen detailgenau wiedergibt, ist so etwas wie eine Urbewegung der Wandlung, eine Taufe, eine Initiation durch Feuer und Wasser. Sie stürzen vom Himmel als mörderische Soldaten, in Uniform, Rang und Funktion, und sie tauchen aus dem Wasser auf als Mensch. Als Mensch Willy. Als Mensch Jörg.

Mit den kleinen Schlauchbooten, die sie um ihren Bauch tragen, halten sie sich über Wasser und warten auf den Tod. Denn wer würde sie finden, im eiskalten Atlantik, in der Wasserwüste? Doch sie werden gerettet. Kurz vor der Abenddämmerung. Ein Schnellboot, das zugleich mit den Fliegern auf der Suche nach den U-Boot-Leuten war, klaubt sie auf. Sie wünschen sich »Herzlichen Glückwunsch zum Geburtstag«. Es war auch der Wieder-Geburtstag als Mensch.

Eine dritte prägende Erfahrung ereignet sich noch zwei Monate später, am 6. Juni 1944. Jörg Zink wird später sagen, dass ihm daran aufgegangen sei, was es heißt, dass jemand anderes – Jesus – »für uns« gestorben ist. Am 6. Juni beginnt in der Normandie die Invasion der Alliierten. Mit nur noch wenigen Flugzeugen startet Jörg Zink mit seiner Einheit vom Flugplatz in Vannes aus gegen die Übermacht. Ihr Flugzeug wird beschädigt. Beim zweiten Start, zwei Stunden später, springt Jörg Zink bei einer anderen Besatzung ein, bei der der Funker mit Fieber auf dem Krankenbett liegt. Gerade als sie die Bodenluke des Fliegers schließen wollen, eilt der fiebernde Kamerad winkend herbei – er will mit, unbedingt. *»Das ist meine Besatzung, mach, dass du rauskommst!«*[65] An einem Tag wie diesem eine Selbstmordansage. So klettert Jörg Zink wieder aus der Maschine und bleibt am Boden. Das Flugzeug wird abgeschossen. *Er hat nicht gesagt: »Ich will für dich sterben.« Er wollte nur einfach bei seinen Freunden sein, wenn es aufs Letzte ging. Er wusste, was auf ihn zukam, und niemand hätte es ihm übelgenommen, wenn er in seinem Bett geblieben wäre. Aber was eigentlich muss da mitgewirkt haben, dass er aus dem Bett aufsprang, sich eine Fliegerkombination suchte, über den Platz lief, fiebernd, und bei der Maschine ankam genau in dem Augenblick, in dem gestartet werden sollte?*[66]

Schließlich sei noch eine vierte Begegnung erwähnt. Jörg Zink erlebt die letzten Kriegstage in Gefangenschaft in Cherbourg, vom Ende des Kriegs erfährt er am Schwarzen Brett des Lagers. Als alle Flugzeuge abgeschossen waren und sein Verband sich so gut wie aufgelöst hatte, war Jörg Zink aus Frankreich zurückbeordert worden, wurde unterwegs in

Gefechte verwickelt, aber kam unverletzt in Berlin an. Die übrig gebliebenen Flieger wollten auf keinen Fall ins Feld geschickt werden und machten sich dafür stark, weiter fliegen zu dürfen. In Augsburg absolvierte daraufhin Jörg Zink eine Kurzausbildung zum Piloten, er sollte noch in den letzten Kriegswochen eine der ersten Düsenmaschinen starten. Die Ausbildung bestand allerdings hauptsächlich darin, das Segelfliegen zu üben – und so *verträumte* er *den wunderbar sonnigen Frühling 1945.*[67] Zum Einsatz kam er nicht mehr.

Als die Amerikaner sich der Elbe näherten und die Russen vor Berlin standen, irrten wir, wohl etwa zwanzig Mann aus allerlei fliegenden Verbänden, wie ein verlorener Haufe in der Mark Brandenburg umher[68], erinnert sich Jörg Zink. Vielen war die Hoffnungslosigkeit der Lage klar, und ein Hauptmann schickte sie – noch vor Kriegsende – nach Hause. Jörg Zink machte sich gemeinsam mit einem Kameraden aus dem Staub. Die beiden entschieden sich, Richtung Amerikaner, Richtung Westen, aufzubrechen, ließen sich, eingegraben in Erdlöchern, von deren Panzern überrollen, und versuchten in die schwäbische Heimat zu kommen. Dreimal wurden sie gefangen genommen, dreimal missglückte die Flucht: Ein Fluchttunnel aus einer Scheune heraus war zu kurz berechnet und führte zu einem Wachposten, ein gewagter Sprung vom Lastwagen endete nicht im Graben, sondern direkt auf der Straße vor den nachkommenden Amerikanern, und als Jörg Zink einmal den Verletzten mimte, wurde er von einem menschenfreundlichen Amerikaner nicht etwa weniger gut bewacht, sondern gleich in den Jeep aufgenommen und ins Auffanglager Namur gefahren. So kam Jörg Zink nach Cherbourg, gemeinsam mit einer Viertelmillion anderer traumatisierter, unterernährter, kraftloser Männer.

Dort, inmitten einer Stacheldrahtwelt voll Schlamm, Elend und Tod lernt er einen schwäbischen Pietisten kennen, den Pfarrer Immanuel Grötzinger. Der sammelt ihn auf, genau wie einige andere theologisch Interessierte, Vikare, Studenten, Pfarrer und Professoren, und beginnt mit ihnen eine Art theologisches Seminar. Schon bald versammelt sich die Gruppe jeden Morgen am höchsten Punkt des Lagers, um miteinander zu singen: »Großer Gott, wir loben dich!« *Es war ein unglaublicher Widerspruch zu den täglichen Erfahrungen der Gefangenen, was da durch die langen Strophen dieses Hymnus hin gerühmt wurde, gedankt, gehofft und als Bekenntnis hinausgesungen. Es war ein erster »Wider-spruch«, ein Sprechen wider alles, was da greifbar und sichtbar war, wie er immer gesprochen werden muss, wo es wirklich um das Leben geht.*[69]

In diesen Wochen passierte wohl viel in Jörg Zinks Innerem. Nicht nur, dass er sich wieder als »ganzer Mensch« erfahren konnte, aus einem Stück. Ihm wurde klar, dass der innere Rückzug in die Sprachmagie der Poesie kein Weg von Dauer sein konnte. Dass sein Weg einer ist, der ins Leben zurückführt. Und schließlich erlebte er eine ganz besondere Eucharistiefeier, in einem Zelt des Lagers, die ihn wohl zum ersten Mal die tiefe Gemeinschaft des Glaubens erfahren ließ. *Wir ließen kleine Brotstückchen herumgehen, dazu einige Becher mit Wasser, und feierten unsere gemeinsame Nähe zu Christus. Zu Gott. Die Eucharistiefeiern, die ich als Junge mitgemacht hatte, zu Hause, hatten mich nie überzeugen können, und bis heute überzeugen mich die landläufigen traurigen Bußfeiern, wie sie in meiner evangelischen Kirche da und dort noch immer üblich sind, nicht. Eucharistie heißt auf deutsch »Dank«. Dank ist etwas Festliches, Schönes, Beglückendes. Dass es mitten in der tristen Gefangenenszene mit ihren Kranken und Sterbenden, mit ihrem Hunger und ihren nervösen Streitigkeiten so etwas gab wie einen Dank für Leben und Gemeinschaft, für Vertrauen und Zuversicht, und dass das Zeichen dafür ein Mahl war, das hat mich überzeugt.*[70] Er wird in seinem Leben noch viele Male Mahlfeiern abhalten – und er wird sich seither daran halten, dass dieses Mahl aus dem Nichts entstehen kann, jenseits aller Formen, aller Dogmen, aller Einsetzungsworte, stattdessen schlicht und ergreifend in Erinnerung und Gemeinschaft. Und er wird in seinem Leben stets daran festhalten, dass Kirche überall entsteht, wo Menschen zusammenkommen und glauben und beten, ohne dass es dazu Satzungen und geweihte Menschen bräuchte.

Schon während des Kriegs war bei Jörg Zink Lungentuberkulose diagnostiziert worden, doch hatte man ihn weder ausgemustert noch ins Krankenhaus geschickt. In der amerikanischen Gefangenschaft in Cherbourg brach die Tuberkulose wieder auf, und im Herbst 1945 lag er wochenlang *fast regungslos in einem Sack aus zusammengenähten Wolldecken auf der nassen Erde im Zelt.*[71] Als er kurz vor Weihnachten 1945 entlassen wurde, war er körperlich am Ende. Mit dem Güterzug gelang es ihm, nach Hause, nach Ulm zu kommen. Dort dann das Wunder, die Krankheit beruhigte sich. Die Schwester seiner zweiten Mutter arbeitete unter anderem als – heute würde man sagen – Atemtherapeutin. Mit ihr machte Jörg Zink regelmäßig Atemübungen – sie halfen. Und so konnte er schon im Frühjahr 1946 nach Tübingen ziehen, zum Studieren. Dort wohnte er zunächst mit seinem älteren Bruder Gerhard in einer zugigen, rauchigen und wie er beschreibt »eigentlich unbewohnbaren Dachkammer«. Aus dem Wald holten sie sich Holz, fuhren es mit einem Handwagen zehn Kilometer weit in ihr neues Zuhause, kochten sich aus getrockneten Möhren Suppe und begannen ein Leben jenseits des Krieges.

Im Zeichen des Kreuzes. Zwischen Philosophie und Theologie

Das Tübinger Stift hat eine stolze evangelische Tradition. Direkt am Neckar gelegen, ist es ein Symbolort protestantischer Bildung und pietistischer Frömmigkeit. Studieren in Tübingen ist und war auch zu Jörg Zinks Studienzeiten etwas Besonderes. Nicht nur, dass die Tübinger auf eine lange Liste prominenter Geister zurückschauen können, die im Tübinger Stift gelernt und gelebt haben. Ein ganz spezieller

Gemeinschaftsgeist begleitete auch die Studien. In den ersten Semestern studierte Jörg Zink Philosophie und evangelische Theologie. Seine Lehrmeister waren vor allem der Kulturphilosoph Eduard Spranger und der evangelische Theologe Helmut Thielicke – lange schwankte er, ob er dem einen in die Welt der Philosophie oder dem anderen in die Welt der Theologie folgen sollte, sein Berufsziel war eine gute Zeit lang das des Philosophieprofessors.

Repetent im Tübinger Stift.

Jörg Zink erlebt das Studium als ungeheuer beglückend und genießt die Nähe, mit der seine Lehrer ihre Schüler oft genug improvisiert auch bei sich zu Hause empfangen. Einmal trifft er auch Martin Buber, den er einreiht in die Reihe seiner Meister, und gerät in eine tiefe Diskussion über Leben und Denken nach dem Holocaust. Auch Karl Barth zählt er zu seinen Lehrern, ebenso Rudolf Bultmann und den katholischen Religionsphilosophen Romano Guardini.

Nach seinem Examen 1950 absolvierte er für ein Jahr sein Vikariat in einer Stuttgarter Kirchengemeinde, in einer Kirche, die neben einem Park und einem Speiselokal lag und daher für Hochzeiten beliebt war, weswegen Vikar Zink vorwiegend Hochzeiten zu halten hatte, für die er im benachbarten Lokal gelegentlich auch noch die Speisefolge verabreden sollte. 1951 wurde er zum Pfarrer der Württembergischen Landeskirche ordiniert. 1952 kehrte er nach Tübingen zurück und arbeitete für drei Jahre als »Repetent«, das heißt, er begleitete als Mentor und Lehrer Studierende und bot selbst auch Seminare an. Bei Helmut Thielicke promovierte er zeitgleich über das Thema »Der Begriff des Kompromisses, sein Ort, sein Rang und seine Verwandlung in der theologischen Ethik«.

Ich kam nach fünf Jahren Krieg und Soldatsein und Gefangenschaft nach Hause. Als ich mich in meiner Heimatstadt umsah, dann sah ich nur Trümmer. Die Häuser waren verbrannt, die Straßen aufgerissen, die Fabriken zerstört, auch die Kirchen. Und vor allem konnten die Menschen noch immer nicht fassen, was ihnen geschehen war. Was sie nun tun sollten. Wie daraus wieder ein normales Leben werden könne. Auch ich selbst wusste es durchaus nicht. Irgendetwas musste neu aufgebaut werden, innen in den Menschen, außen im Land. Aber was? Und wie? Und mit welchen Mitteln?

Als ich damals – ich weiß nicht mehr, bei welcher Gelegenheit – in dem kleinen Neuen Testament herumlas, das mich durch den Krieg begleitet hatte, traf mich plötzlich ein Wort so, als wäre es für mich geschrieben. Es stand im 1. Brief des Paulus an die Leute in Korinth: »Einen anderen Grund kann niemand legen / als den, der schon gelegt ist. / Der ist Jesus Christus.«[72]

Noch einer ist Jörg Zink zum Lehrmeister geworden, zum Vorbild als Pfarrer und Seelsorger: Rudolf Daur (1892–1976), Pfarrer an der Stuttgarter Markuskirche und sein Schwiegervater. Ein Vordenker, ein Einzelkämpfer, der selbstbewusst und in großer Unabhängigkeit tat, was er für richtig hielt – auch in der Kirche. Er hatte schon vor dem Krieg Diskussionsforen veranstaltet für den Dialog zwischen Juristen, Philosophen, Künstlern, Religionswissenschaftlern und Dichtern. Bereits in den 1930er Jahren hatte er sich für die völlige Gleichberechtigung der Frauen in der Kirche eingesetzt, auch auf der Kanzel. Er hat neue Gottesdienstordnungen erschaffen, wo ihm die alten nicht mehr zu taugen schienen. Und auch er hat schon Bibeltexte neu übersetzt. Nach dem Zweiten Weltkrieg war er westdeutscher Vorsitzender des Internationalen Versöhnungsbundes. Jörg Zink schreibt, dass er gar nicht hoch genug einzuschätzen vermag, was er Rudolf Daur verdankt, der ihm über Jahre ein kritisches und bestärkendes Gegenüber war.

Mich hat im Umgang mit ihm, dem dreißig Jahre älteren Vater und Freund, etwas hinreißend Jugendliches fasziniert: seine grenzenlose Farbenfreude und Musikalität, in der er alles Schöne, das die Welt für Auge und Ohr, für Geist und Leib be-

Rudolf Daur – »mein sehr verehrter Schwiegervater« – auf dem Weg zu einem Fest.

reithielt, auffing. Eine unbegrenzte Offenheit für die Fülle des Seins und dabei das hellwache Bewusstsein der Widersprüche und der Spannungen, jenes Wissen um den Grund und den Abgrund, das seiner Freude an allem Lebendigen ihr Gewicht, ihre Schwerkraft gab.[73]

Prägend für die Zeit des Neubeginns nach dem Kriegsende war neben den Impulsen aus dem Studium vor allem auch die große Liebe seines Lebens. Zwei Jahre lang umkreisten sich Heidi und Jörg, mal näher, mal weiter, bis sie sich 1947, während eines nächtlichen Spaziergangs durch das zerbombte Stuttgart, ihre Liebe gestanden.

1950 heirateten die beiden, er hatte noch ein Jahr Studium vor sich, sie war fertig ausgebildete Musikpädagogin. Der Oberkirchenrat in Stuttgart musste der Hochzeit zustimmen, wie Jörg Zink augenzwinkernd berichtet, so waren damals die Bräuche. Die beiden zogen ins Pfarrhaus Daur in Stuttgart, und so hatte Jörg Zink gerade während seiner ersten Jahre als Seelsorger ein prägendes und kundiges Gegenüber, um seine Geh- und Stehversuche in der Gemeinde und im Klassenzimmer zu reflektieren.

Nach den drei Jahren am Tübinger Stift, nach Erhalt des Doktortitels 1955, nahm Jörg Zink eine Pfarrstelle in Esslingen an. Er wollte ganz normaler Gemeindepfarrer sein. Zugleich war er Jugendpfarrer, verantwortlich für die Jugendarbeit im Bezirk. Er probierte viel aus, fand die Arbeit mit den Jugendlichen »herzerfrischend«, suchte daneben den Kontakt zur Akademie Bad Boll, führte dort Tagungen durch und übernahm erste journalistische Arbeiten. Als Gemeindepfarrer in Esslingen wäre er gern noch länger tätig gewesen, doch die Kirchenleitung hatte anderes mit ihm vor. Er wurde 1957 als Direktor des Burckhardthauses in Gelnhausen und Berlin in-

Heidi und Jörg an ihrem Hochzeitstag 1950.

stalliert – wie schon erwähnt, fühlte er sich lange Zeit fehl am Platz. Dennoch gelang es ihm, auch diese Aufgabe zu seiner zu machen. Zwischen Berlin, Bonn und Gelnhausen pendelte er hin und her, zuständig war er für den Tagungsbetrieb, die Ausbildung von Jugendleiterinnen, für den Kontakt zur Jugendarbeit in der Weltkirche, für die Zusammenarbeit der Jugendorganisationen in der BRD und der DDR, für die Leitung eines kleinen Verlags, für den Kontakt zur Zentrale der Mädchenarbeit in der DDR in der Bernauer Straße in Ostberlin und vieles mehr. Den Bau der Mauer hatte er 1961 als eine Nacht der Entscheidung an der Bernauer Straße erlebt. Denn so, wie die Zentrale der Jugendarbeit gelegen war, konnten deren Mitarbeiterinnen eine Nacht lang wählen, ob sie in den Osten oder Westen gehen wollten – *im Nachdenken, Singen und Schweigen einer Nacht fanden sie ihre Entscheidung. Einige verabschiedeten sich unter Tränen und sprangen über die Mauer.*[74]

In diesen ersten Arbeitsjahren im Dienst der Kirche wuchs zugleich die Familie. 1951 kam Heidi und Jörgs erstes Kind zur Welt, Christoph, heute Arzt und Autor medizinischer Nachschlagewerke. 1953 folgte ihr zweites Kind, Angela, die heute als Professorin an der Charité Berlin arbeitet. 1957 kam Monika auf die Welt, sie ist heute Sozialarbeiterin. 1962 schließlich das vierte Kind, Lina Cordula, die heute als Künstlerin und Therapeutin arbeitet.

Jörg Zink war bei allen vier Geburten dabei. Eine befreundete Hebamme hatte ihm den damals ungewöhnlichen Wunsch ermöglicht. Er wollte ein anderer Vater sein, als es in

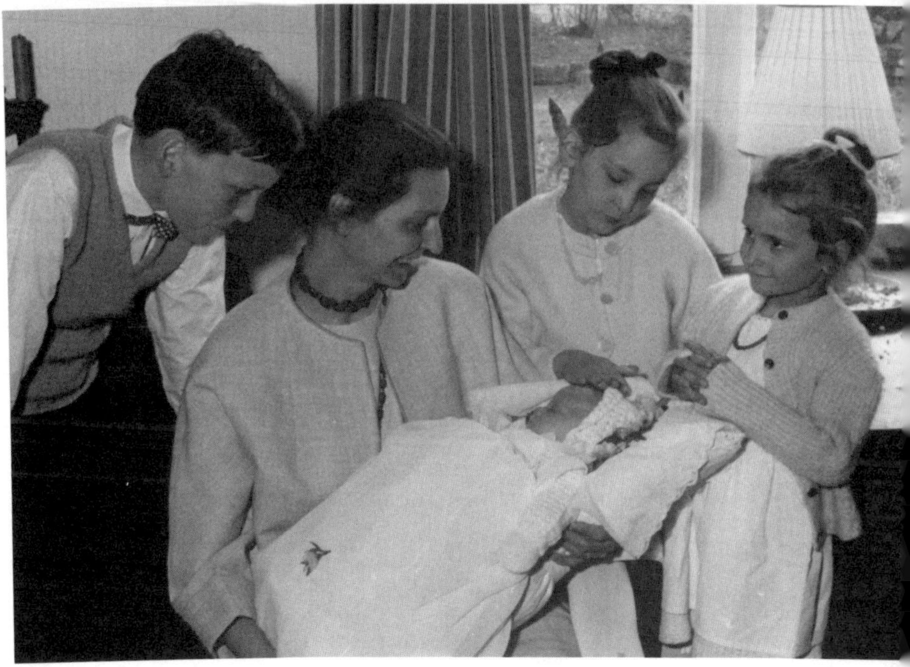

Familie Zink 1962 am Tag der Taufe der jüngsten Tochter.

vielen Familien der damaligen Zeit üblich war. Dennoch teilte er mit vielen anderen Vätern das Schicksal, berufsbedingt tage- und wochenweise abwesend zu sein. Dazu kam, dass er seine Aufgaben mit Leib und Seele ausfüllte und zugleich seine Lust am Schreiben wuchs. Seine Manuskripte begleiteten die Familie bis in den Urlaub, und gerade in den ersten Jahren des jungen Familienlebens war die Unterstützung der Großeltern Daur mehr als notwendig.

1961 begann für Jörg Zink ein neuer Lebensabschnitt: Er wurde Fernsehbeauftragter der Württembergischen Landeskirche – er war einer der wenigen, die mit elektronischen

Medien und dem Einsatz von Bildern Erfahrungen gesammelt hatten. Die Familie zog zurück nach Stuttgart.
Weil das Büro, das für ihn als Fernsehbeauftragten vorgesehen war, mitten in der Stadt lag und er daher nicht wie bisher nach seinem eigenen Rhythmus den Schreibtisch bequem erreichen konnte, wurde das Wohnzimmer des kleinen Reihenhauses zum Arbeitszimmer umfunktioniert (dort entstanden u.a. die Bücher »Womit wir leben können« oder »Deine Zeit und alle Zeit«). Die beiden ältesten Kinder, Christoph und Angela, wohnten auf dem Dachboden, der allerdings nicht isoliert war. Als Jörg Zink noch einen Arbeitsplatz für seine Bibel-Übersetzungen brauchte, stellte er auch dort auf dem Dachboden noch einen Schreibtisch auf. Alles in allem eine unbefriedigende Situation.
Abhilfe brachte 1966 die Möglichkeit, im Stuttgarter Vorort Möhringen einen Neubau zu errichten – ein Onkel seiner Frau hatte der mittlerweile sechsköpfigen Familie einen Obstgarten hinterlassen. Das Haus konzipierte Jörg Zink selbst, ganz nach den vielfältigen Bedürfnissen der Familie, mit vier Stockwerken und viel Platz – sowohl für seine Arbeit als auch für die Kinder. Im Souterrain war nun sein Arbeitsreich – für seine Schreibtische und für eine Schreinerwerkstatt, in der Jörg Zink, der von Kindesbeinen an ein Faible für die handwerkliche Arbeit, fürs Malen und Modellieren hatte, parallel zu seiner Schreib- und Denkarbeit regelmäßig am Werktisch stand. Der Dachboden – der jetzt isoliert war – wurde als Spielraum der Kinder ausgebaut, dort gab es re-

gelmäßige Klassentreffen. Ein Cembalo wurde angeschafft, es gab Hauskonzerte. Und die Bibliothek durfte auch von anderen benutzt werden. Bald war das Haus auch das Archiv für die stetig wachsende Zahl der Fotografien, Ergebnisse der Reisen nach Nahost und durch verschiedene europäische Länder. Mehrere Leuchttische für die vielen Dias in unterschiedlichen Formaten wurden aufgestellt. Bei den Büchern, in denen Bild und Text miteinander korrespondieren, hat Jörg Zink die Layouts fast immer mitgestaltet.

Die Eltern Zink mit Tochter Monika und Nachbarskindern an der jugoslawischen Küste Anfang der 1960er Jahre.

Andere Wege wagen. Wenn ihr nicht politisch werdet ...

Während seiner Zeit als Gemeinde- und Jugendpfarrer, später dann als Medienbeauftragter seiner Landeskirche, als Fernsehpfarrer und Nahost-Reisender, als Kirchentagsredner und Bibelausleger war Jörg Zink stets auf eigenständigen Wegen unterwegs – und hat das Amt des Pfarrers politisch verstanden. Er hat auch als Pfarrer nicht einer übergeordneten Instanz das Wort geredet, nicht kirchliche Plattitüden verbreitet, sondern sich als eigenständig politisch denkender Mensch mit Hirn und Herz eingemischt. Haben die Erfahrungen seiner Kindheit ihn zu einem Menschen gemacht, der sich mit allem, was ist, und damit auch mit Gott verbunden wissen darf, so haben ihn seine Erfahrungen der Kriegszeit mitten hinein in die Verantwortung für diese Welt gebracht.

Jörg Zink war mit dabei, als sich Anfang der 1950er Jahre der Widerstand gegen die geplante Wiederbewaffnung Deutschlands formierte. Er hat die Friedensbewegung von ihren Anfängen an begleitet und später, in ihrer zweiten großen Welle, in der Nachrüstungsdiskussion um die Pershing-II-Raketen mitgeprägt. Jörg Zink, derjenige unter den Soldaten, der unter dem Spott seiner Kameraden auch darunter litt, welche Narben der Krieg den Landschaften Europas ins Angesicht grub, war einer der Ersten, der auf den drohenden Kollaps des ökologischen Gleichgewichts hingewiesen hat – und der die Bewahrung der Schöpfung als ein explizit theologisches Thema, ein Feld des Glaubens, eine Aufgabe des Christentums und aller Religionen erkannte. Als sich 1980 die Grünen als Partei gründeten, war er Gründungsmitglied. Das alles hat ihm viel Ärger eingebracht – und auch viel Sympathie.

Wenn Jörg Zink zurückblickt, dann spürt man an einem Punkt seine Wut deutlich heraus: Wie sehr die Freiheit selbst in einer Demokratie unterdrückt wird, die Staatsmacht das, was die Menschen bewegt, nicht hören will oder gezielt klein hält. Wie sehr mit ungleichem Maß gemessen wird – sodass diejenigen, die sich auf der Straße für eine bessere Welt, für Frieden oder Gerechtigkeit einsetzen, als Idioten diffamiert und als Gewalttäter kriminalisiert werden. Während andere, die ihre Energie für eine weltliche Lobbyarbeit einsetzen – für die Automobilindustrie, für ihre eigenen Arbeitsplätze, für den Standort Deutschland – voller Verständnis seitens der Politik akzeptiert werden. *Die politische Frage, die uns damals geleitet hat, war die, ob es möglich sei, Schwierigkeiten in einer Gesellschaft ausschließlich juristisch und verwaltungstechnisch zu bewältigen, durch Gesetze und Verordnungen, und ihre Durchsetzung mit Hilfe öffentlicher Gewalt. Ob es denn um das Leben der Menschen gehen solle oder um die Verhinderung des Lebens; ob es die letzte Weisheit sei, Frieden schaffen zu wollen durch Regeln und Ordnen, durch Zwingen und Verbieten, durch Verhaften, Einsperren und Verurteilen, durch Verhindern von Lebens-*

versuchen, die möglicherweise ihr Recht haben, oder ob es andere Wege gebe, die einer freiheitlichen Demokratie würdiger wären.[75]

In mancher Hinsicht, so sagt er im Rückblick, hat sich aber doch etwas getan. Nach dem Wunder der Entspannungspolitik, nach der friedlichen Revolution von 1989, nach Beispielen von neuen Wegen zum Frieden, etwa den Wahrheitskommissionen in Südafrika, stehen Menschen, die von einer friedlichen Revolution träumen, nicht mehr automatisch als Spinner da. Auch innerkirchlich hat sich etwas Entscheidendes geändert. »Die Bergpredigt war 1950, als ich anfing, weniger bekannt. Und sie war umstritten. Sie durfte im Grunde nicht ernstgenommen werden. Heute sagen durchaus auch Bischöfe, leitende Leute der Kirche, die Bergpredigt sei ein ernst zu nehmender Rat, wie man mit einem Gegner oder mit einem Andersdenkenden umzugehen hat, wenn man Frieden will. Wenn ich heute erkläre, dass ich das gewaltlose Handeln für das aussichtsreichere halte als das mit Gewalt umgehende, dann hält man mich nicht mehr für blöde.

Dann hält man mich höchstens für einseitig oder für einen, der eine gewagte Sache vertritt. Und wenn ich heute verlange, dass eine Kirche auf Gewalt in jeder Form verzichten muss, wenn ich also die Bergpredigt ernst nehme, dann kann ich damit rechnen, dass ein nachdenklicher Mensch mir recht gibt. Und dass er nur nachfragt: Wie soll es gehen?«

Man verändert die Menschen nicht dadurch, dass man in Scherben schlägt, was ihnen kostbar ist. Veränderung von Bewusstsein gelingt nur, wo ein Mensch freiwillig dem zustimmt, was ihm ein anderer in freundlicher Stimmlage vermittelt.[76]

Jörg Zink hat durch seine Präsenz im Fernsehen, zu einer Zeit, in der jeder nur drei Programme hatte und daher das, was dort beim »Wort zum Sonntag« zu sehen und zu hören war, am Folgetag in jedermanns Munde war, durchaus genutzt, um ausgehend von seinen religiösen Einsichten politisch zu werden. Und seine Bekanntheit durch das Fernsehen hat wiederum der Friedensbewegung genutzt.

Die Friedensbewegung. Dem Feind Freund werden

Das Motto der ersten Welle der Friedensbewegung »Nie wieder Krieg« stammt noch aus den Jahren der Diskussion um die Wiederbewaffnung der Bundesrepublik 1949 bis 1956. Die BRD trat schließlich der Nato bei – allen Protesten zum Trotz. In den Folgejahren wuchs der Widerstand vor allem gegen die allgemeine Wehrpflicht und die Schikanen, die Wehrdienstverweigerer erdulden mussten, dann auch gegen die atomare Bewaffnung. Zahlreiche namhafte Wissenschaftler sprachen sich gegen Atomwaffen aus (Russell-Einstein-Manifest und »Göttinger Erklärung«). Ab 1960 wurden die Ostermärsche zu einer festen Einrichtung, meist am Ostermontag, und damit wurzelte sich die Friedensbewegung zugleich in den Kirchengemeinden ein. Der Koreakrieg, die Kubakrise, der Vietnamkrieg und der Sechstagekrieg im Nahen Osten gaben darüber hinaus ausreichend drängenden Anlass, sich für andere Wege als die von Gewalt und Abschreckung einzusetzen.

Während des Katholikentags in Düsseldorf 1982.

1977 löste die Entwicklung der Neutronenbombe durch die Vereinigten Staaten weltweite Proteste aus, gefolgt vom Widerstand gegen den sogenannten Nato-Doppelbeschluss und die Stationierung der Pershing-II-Raketen. Über vier Millionen Menschen unterzeichneten in den Jahren 1980 bis 1983 den »Krefelder Appell« gegen die Stationierung amerikanischer Mittelstrecken-Atomwaffen in Mitteleuropa.
Über die Geschichte der Friedensbewegung wäre noch viel zu sagen. Was im Rückblick so organisiert und moralisch mehr oder weniger unumstritten erscheint, war damals, Ende der 1970er, Anfang der 1980er Jahre ein buntes, aufregendes, streitbares Nachdenken und Aufbegehren, organisiert von unterschiedlichen Gruppierungen, begleitet von der Erfahrung der Ohnmacht gegenüber der Weltpolitik und durchmischt von einer Angst, die an die Nieren ging – die Angst vor dem nahen Dritten Weltkrieg. Aus heutiger Sicht ist es beinahe unvorstellbar, welche atomaren Planspiele die Militärs in Europa durchführten. Welche Ideologien und Feindbilder die Zeit des Kalten Krieges durchdrangen – und wie wenige letztlich, den drohenden atomaren Strahlentod vor Augen, für den Frieden auf die Straße gingen. In der Rückschau sagt Jörg Zink: »Die Friedensbewegung war immer eine Bewegung, die nur eine Minorität in Bewegung setzen konnte. Da gehörte ein gewisser Mut dazu, eine gewisse Freiheit, eine Selbstständigkeit, die eben nur bei einer Minorität zu finden ist. Aber es zeigt sich dann immer wieder einmal, dass genau diese Minorität den Willen der Mehrheit

ausdrückt. Die Friedensbewegung hat eben keine Minorität repräsentiert. Sondern sie hat gezeigt, dass das Wort *Frieden* von mehr Menschen verstanden wird, als es zunächst schien.«

Die weltpolitische Lage Anfang der 1980er Jahre war bestimmt von der letzten Phase des Kalten Krieges. Ein Satz von Eugene Rostow, dem Leiter der Abrüstungsbehörde der USA, bringt eindrücklich auf den Punkt, dass das Prinzip der Abschreckung dabei war zu kippen: »Wir leben in einer Vorkriegs-, nicht in einer Nachkriegszeit.« Politiker weltweit wie auch weite Kreise der Bevölkerung gingen davon aus, dass es zu einem neuen Weltkrieg kommen werde, und dass dieser nach jahrzehntelangem Wettrüsten selbstverständlich ein atomarer sein würde, Schauplatz Mitteleuropa. Denn die Amerikaner hatten eine Strategie entwickelt, nach der es ihnen möglich schien, einen Atomkrieg zwischen Ost und West auf Europa zu begrenzen und die eigenen Territorien davon unberührt zu lassen. Mit dem Nato-Doppelbeschluss wurden in Europa amerikanische Pershing-II-Raketen stationiert. Offizielle Begründung: um sich gegen die Sowjets zu verteidigen. Allerdings waren die Pershing-II-Raketen keine Verteidigungs-, sondern Ersteinsatzwaffen, die geeignet schienen, den Russen die Zweitschlagfähigkeit zu nehmen. Damit aber, so die Befürchtung vieler, zwangen sie die Sowjets geradezu zum Erstschlag.

Was Jörg Zink damals am meisten wunderte, war die Tatsache, dass keine anderen Wege zur Konfliktlösung durchgespielt wurden als diejenigen, die in eine Spirale von Gewalt und Gegengewalt führten. Gab es nach den Erfahrungen des Zweiten Weltkriegs keine Kehrtwende im Denken? Und schließlich: Was war denn mit den Worten des Mannes aus Nazareth, die in der Bergpredigt zusammengefasst sind? »Eure Vorfahren hatten ein Gesetz: Auge um Auge, Zahn um Zahn. Ich aber sage euch: Ihr sollt dem Bösen nicht mit Gewalt widerstehen. Wenn dir einer einen Streich gibt auf die rechte Backe, dann biete ihm auch noch die andere.« Jörg Zink erinnert sich: *In den siebziger Jahren besuchte ich noch einmal das Schlachtfeld an der französischen Kanalküste, über dem so viele meiner Kameraden abgestürzt waren, die Gräberfelder von Caen, und ich empfand: Wer den Gedanken zulässt, dies alles könne sich mit dem tausendfachen Zerstörungspotential von heute wiederholen, und wem dabei nicht der Boden unter den Füßen weich wird, der ist kein politischer Mensch.*[77]

Wir könnten ... darüber trauern, dass uns bei den Träumen der Kinder nichts mehr weiter einfällt, als dass sie eines Tages wie wir resignieren werden vor Hass und Krieg. Trauern darüber, dass auch die unter uns, die das Vertrauen zwischen den Völkern suchen, so schnell an der Grenze ihrer Kraft und ihres Mutes ankommen. ... Ich finde umgekehrt die Art und Weise, wie man mit den Träumen, der Sehnsucht, dem guten Wollen und aller Hoffnung für die Zukunft unter den jungen Menschen bei uns umgeht, indiskutabel. Wie man sie zu Chaoten gemacht hat, wie man sie kriminalisierte, wie man sie verlachte. Und ich habe es immer auch als meine Aufgabe angesehen, diese verächtliche Art der Behandlung junger Menschen an meinem Teil aufzufangen.[78]

Eines der wichtigen öffentlichen Foren der Friedensbewegung war der Deutsche Evangelische Kirchentag. Hatte er in den 1960er Jahren einen Schwerpunkt auf dem Thema »Gerechtigkeit unter den Menschen«, so war er in den 1970er Jahren bestimmt vom Thema »Frieden zwischen den Völkern« und dann, in einem dritten Schritt, von der ökologischen Frage. 1981, beim Kirchentag in Hamburg, kam es zu einer großen Friedensdemonstration, im Oktober 1981 versammelten sich im Bonner Hofgarten mehr als 300 000 Demonstranten. Bei den Ostermärschen machten Hunderttausende mit, ebenso bei einer riesigen Friedensdemonstration am Rande des Kirchentags 1983 in Hannover. Christliche Gruppen vernetzten sich weltweit, was ohne Internet längst nicht so einfach war, wie es heute erscheint. Am 22. Oktober 1983 wurden bei deutschlandweiten Kundgebungen und der Menschenkette zwischen Stuttgart und Ulm 1,3 Millionen Menschen gezählt, Jörg Zink war selbstverständlich unter ihnen. *In der Menschenkette stehend sahen wir uns den Ordnungskräften unseres Landes gegenüber, die beauftragt waren, uns in Schranken zu halten und Gewalttaten zu verhindern. Als sie den Geist spürten, der bei uns herrschte, sagten viele unter den Polizisten: »Wenn ihr eure Kette nicht voll bekommt, stellen wir uns mit euch in eure Reihe«.*[79] Auch von Politikern hat Jörg Zink Unterstützung bekommen, mit dem SPD-Mann Erhard Eppler war er gut befreundet, er war auf vielen Demonstrationen mit dabei. Die FDP-Politikerin Hildegard Hamm-Brücher sagte Jörg Zink am Rande einer Wehrkundetagung: »Machen Sie um Gottes Willen weiter mit Ihrer Friedensbewegung, Sie haben schon viel mehr erreicht, als Sie wissen können.«

Jörg Zink suchte dabei gemeinsam mit anderen auf und neben den Kirchentagen, in Seminaren, Vorträgen und Adhoc-Trainings vor Ort nach neuen Wegen, um gewaltfrei auf Gewalt zu reagieren. Um auch bei Demonstrationen der Staatsgewalt gewaltfrei gegenübertreten zu können. *Wir sagten uns als erstes: Wir lassen es nicht zu, dass in unseren Gedanken ein anderer Mensch zu unserem Feind wird. Wir sagten zweitens: Wir gebrauchen keine Sprache, durch die wir irgendeinen Menschen herabsetzen, entstellen, erniedrigen, beschimpfen oder verdächtigen. Wir sagten drittens: Was wir tun, darf keine Gewaltanwendung bedeuten.*[80]

1983 erschien ein schmales Bändchen von ihm, mit sehr konkreten Übungen, Meditationen und Gedanken über ein Christsein im Geist der Bergpredigt mit dem Titel »Wie übt man Frieden? Über den Umgang mit dem Bösen und die Liebe zum Feind«. Darin spiegelt sich in eindrücklicher Weise das Lebensgefühl jener Jahre. *Wenn wir unsere kleinen Gruppen von Friedenswilligen ansehen und sie mit dem Auf-*

marsch der Wirtschaftsmächte in der Welt und mit den militärischen Potentialen vergleichen, kann uns der Mut verlassen. Einen geringen, einen fast unwirksamen, einen sehr verwundbaren Versuch unternehmen wir. Nicht mehr.[81] Jörg Zink zeigt sich dabei einmal mehr als einer, der sehr grundsätzlich an den Gedanken herangeht, dass ein friedliches Miteinander lernbar sei, so grundsätzlich, wie sein Leittext, die Bergpredigt, eben ist. *Der Anspruch, der andere solle sich ändern, ist schon Gewaltanwendung, wenn ich ihm nicht die Möglichkeit gebe, auch mich zu ändern.*[82]

Jörg Zink war auch unter denen, die 1984, zum 45. Jahrestag des Kriegsausbruchs, eine große Demonstration vor dem Tor der Raketenstation in Mutlangen planten.

Die Militärs in Mutlangen waren schon über Monate von Demonstranten belagert, immer wieder gab es dort Kundgebungen. Anlässlich der geplanten Großdemonstration hatte man berechtigte Ängste, dass Polizei und Demonstranten aufeinanderprallen könnten. Viele andere Beispiele, sei es in Frankfurt bei der umkämpften Startbahn West, sei es in Wackersdorf bei der geplanten WAA, sei es bei anderen Aktionen der Friedensbewegung, hatten gezeigt, dass die Staatsmacht auch gegen friedliche Demonstranten hart durchgreifen würde. Und dass gerade dadurch die Botschaft der Friedensbewegung konterkariert würde, nämlich den Verzicht auf Gewalt als neuen Weg der Bewusstseinsbildung aufzuzeigen. Umso wichtiger war es Jörg Zink, gemeinsam mit den Demonstranten zu üben, friedlich auf Gewalt zu reagieren.

Das Glück wollte es, dass seine Frau und er mit einem deutschen General bekannt waren, der für die Sicherheit der Abschussrampe zuständig war und der auf sie zuging und anbot, dafür zu sorgen, dass die Demonstration in Mutlangen stattfinden konnte – ohne Gewalt. Sollten die Demonstranten friedlich bleiben, würde er dafür sorgen, dass auch die Polizei nicht eingreift. Und so geschah das kleine Wunder: Die Demonstranten blieben gewaltlos, ließen während der Blockade des Tores ein- und ausfahrende Fahrzeuge passie-

In Mutlangen im Gespräch mit Pfarrer Gottfried Hartenstein.

ren, die Polizei ihrerseits blieb zurückhaltend, und die Fernsehkameras sendeten störungsfrei in die ganze Republik, welche Ideen die angeblichen Chaoten der Friedensbewegung denn verfolgten. Es gingen von diesen Tagen weitreichende mediale Wirkungen aus.

In den Kreisen der Friedensbewegung der siebziger und achtziger Jahre machten wir immer wieder eine bestimmte, schwere Erfahrung: Wenn wir versuchten, die Menschen aus ihren Verstrickungen in ihre Feindbilder zu lösen, wurden wir selbst in ihren Augen zu Feinden. Zu Kommunisten, zu Staatsfeinden, zu nützlichen Idioten des Feindes. Zu Leuten, die die Sicherheit bedrohen. Wir erkannten, dass wir, wenn wir Frieden stiften wollen, bereit sein müssen, an uns selbst die Feindbilder zu ertragen, ohne die die meisten Menschen nun einmal nicht auszukommen scheinen. Dann ist Liebe nötig gerade zu den Menschen, die aus uns selbst Feindbilder gemacht haben, weil sie keine andere Möglichkeit besitzen, ihre tiefe Angst und Ratlosigkeit loszuwerden, als die, ihren Hass gegen die zu richten, die sich außerhalb der übersichtlichen Fronten von Freund und Feind gestellt haben.[83]

Jörg Zink leitete auch Foren wie dieses in Berlin, das herausfinden sollte, wie ein Hausbesetzer durch Polizeigewalt ums Leben gekommen war. Er war auf diese und andere Weisen sicher der bedeutendste christliche Sprecher der Friedensbewegung. *Ich habe mich nie über das Recht gestellt, aber ich habe mir als Bürger dieses Landes das Recht genommen, zu sagen, was ich an Rechtsverletzungen und Rechtsmissbrauch beobachtet habe.*[84] Und – so punktuell die Massendemonstrationen waren, sie zeigten mehr Wirkung, als die Politiker zugaben und vielleicht bis heute sehen wollen. Jörg Zink meint: *Damals hat man in den Ländern rund um Deutschland, vor allem in den östlichen, zum ersten Mal begriffen, dass es in Deutschland eine breite Schicht von Menschen gibt, die sich in die Front des Kalten Krieges nicht einreihen. Die auch keinen Revanchekrieg führen wollen. Weder gegen Russland noch sonst gegen irgend jemanden. Und das war wichtig. Das hat einen Anfang von Vertrauen bewirkt, vor allem in Russland. Was danach durch Gorbatschow in Bewegung kam, wäre bei den Nachbarn Deutschlands ohne die vorausgehende Zeit der Friedensbewegung nicht durchsetzbar gewesen.*[85]

Die Kirchenleitung hatte viel Geduld mit Jörg Zink, so erzählt er es immer wieder, denn schließlich ist er oft durch prägnante Stellungnahmen beim »Wort zum Sonntag« angeeckt. Doch schließlich, mitten in der heißen Phase der Friedensbewegung, kam sie mit einer für Jörg Zink nicht annehmbaren Bitte: Er möge doch, wenn er an Friedensdemonstrationen teilnimmt, nicht als Pfarrer auftreten, sondern als Privatmann. Eine solche Trennung aber wollte Jörg Zink auf keinen Fall vollziehen. Zugleich hatte er schon länger den Wunsch nach selbstbestimmtem Arbeiten als freier Publizist. 1980 bat er daher um Beurlaubung und lebte fortan bis zu seinem Ruhestand als freier Journalist. Wenn er heute zurückblickt, sagt er: »Die Kirche war in den Fragen des Friedens immer gespalten. Sie hat einerseits immer für Frieden plädiert und das Wort Frieden in Gebrauch genommen. Sie hat Forderungen aufgestellt. Andererseits hat sie uns Pfarrer zum Stillschweigen verpflichten wollen, wenn es um den Frieden ging. Ich

»Wir lassen es nicht zu, dass in unseren Gedanken ein anderer Mensch zu unserem Feind wird.«

bin aus dem Dienst der Württembergischen Landeskirche – in tiefem Frieden mit meiner Kirchenleitung – ausgetreten, um mir die Möglichkeit zu bewahren, vom Frieden zu reden. Da wurde man oft angegriffen, wenn man eine Rede für den Frieden hielt und dabei den Talar trug – das sollte nicht sein. Die Kirche ist viel zu vielen verschiedenen Menschen verpflichtet, mit ihnen übereinzustimmen, und das will sie nicht in Gefahr bringen. Und genau das ist das Unglück. Das ist ein Teil ihrer mangelnden Glaubwürdigkeit.«

Die ökologische Frage. Die Trauer spüren

In einem Punkt hat sich Jörg Zink über Jahrzehnte lange merkwürdig allein erlebt. Sah denn kaum jemand außer ihm die katastrophalen Zerstörungen, die die Menschen überall auf der Welt ihrer Erde zufügten? In der Kirche war das Thema Naturschutz viel zu lange nicht relevant. Das Schlagwort »Bewahrung der Schöpfung« hatte man noch nicht gefunden.

1965 dreht Jörg Zink zwei Fernsehfilme: »Das Leiden der Natur« und »Zukunft für die Erde«. Diese hatten kaum Einschaltquoten und es kamen auch kaum Reaktionen. Aus der Kirchenleitung war vielmehr die Kritik zu hören, dies sei ein Thema für Wirtschaft und Politik, und man solle es denen auch getrost überlassen. Das tat Jörg Zink allerdings keinesfalls. Eingang in viele Schulbücher, Arbeitsmaterialien und

Andachten gefunden hat sein Text *Die letzten sieben Tage der Schöpfung* aus dem Jahr 1970. Damals hat Jörg Zink ihn auf einer Anti-Atom-Demonstration in Stuttgart vorgetragen und durch ein Brot-für-die-Welt-Plakat wurde er schnell bekannt:

Im Anfang schuf Gott Himmel und Erde.
Aber nach vielen Jahrmillionen
War der Mensch endlich klug genug.
Er sprach: Wer redet hier von Gott?
Ich nehme meine Zukunft selbst in die Hand.
Er nahm sie,
und es begannen die letzten sieben Tage der Erde.

Am Morgen des ersten Tages
beschloss der Mensch,
frei zu sein und gut, schön und glücklich.
Nicht mehr Ebenbild eines Gottes,
sondern ein Mensch.
Und weil er etwas glauben musste,
glaubte er an die Freiheit und an das Glück,
an Zahlen und Mengen,
an die Börse und den Fortschritt,
an die Planung und seine Sicherheit.
denn zu seiner Sicherheit
hatte er den Grund zu seinen Füßen gefüllt
mit Raketen und Atomsprengköpfen.

Am zweiten Tage
starben die Fische in den Industriegewässern,
die Vögel am Pulver aus der chemischen Fabrik,
das den Raupen bestimmt war,
die Feldhasen an den Bleiwolken
von der Straße,
die Schoßhunde an der schönen roten Farbe der Wurst,
die Heringe am Öl auf dem Meer
und an dem Müll auf dem Grunde des Ozeans.
Denn der Müll war aktiv.

Am dritten Tage
verdorrte das Gras auf den Feldern
und das Laub an den Bäumen,
das Moos an den Felsen
und die Blumen in den Gärten.
Denn der Mensch machte das Wetter selbst
und verteilte den Regen nach genauem Plan.
Es war nur ein kleiner Fehler
in dem Rechner, der den Regen verteilte.
Als sie den Fehler fanden,
lagen die Lastkähne auf dem trockenen Grund
des schönen Rheins.

Am vierten Tage
gingen drei von vier
Milliarden Menschen zugrunde.

Die einen an den Krankheiten,
die der Mensch gezüchtet hatte,
denn einer hatte vergessen
die Behälter zu schließen,
die für den nächsten Krieg bereitstanden.
Und ihre Medikamente halfen nichts.
Die hatten zu lange schon wirken müssen
in Hautcremes und Schweinelendchen.
Die anderen starben am Hunger,
weil etliche von ihnen den Schlüssel
zu den Getreidesilos versteckt hatten.
Und sie fluchten Gott,
der ihnen doch das Glück schuldig war.
Er war doch der liebe Gott!

Am fünften Tage
drückten die letzten Menschen den roten Knopf,
denn sie fühlten sich bedroht.
Feuer hüllte den Erdball ein,
die Berge brannten, die Meere verdampften,
und die Betonskelette in den Städten
standen schwarz und rauchten.
Und die Engel im Himmel sahen,
wie der blaue Planet rot wurde,
dann schmutzig braun und schließlich aschgrau.
Und sie unterbrachen ihren Gesang
für zehn Minuten.

Am sechsten Tage
ging das Licht aus.
Staub und Asche verhüllten die Sonne,
den Mond und die Sterne.
Und die letzte Küchenschabe,
die in einem Raketenbunker überlebt hatte,
ging zugrunde an der übermäßigen Wärme,
die ihr gar nicht gut bekam.

Am siebten Tage
war Ruhe. Endlich.
Die Erde war wüst und leer,
und es war finster über den Rissen und Spalten,
die in der trockenen Erdrinde
aufgesprungen waren.
Und der Geist des Menschen
irrlichterte als Totengespenst über dem Chaos.
Tief unten in der Hölle aber
erzählte man sich die spannende Geschichte
von dem Menschen,
der seine Zukunft in die Hand nahm,
und das Gelächter dröhnte hinauf
bis zu den Chören der Engel.[86]

Natürlich stand Jörg Zink mit den Sorgen über die weltweite Umweltzerstörung *nicht* allein da. Eine Initialzündung für viele wurden die Analysen des *Club of Rome* »Grenzen des

Wachstums« aus dem Jahr 1972. Und als sich 1979 der erste Landesverband der Grünen in Baden-Württemberg gründete, fanden sich dort viele außerparlamentarische Initiativen der 1970er Jahre zusammen, teils getragen von der Friedensbewegung, aber auch der Anti-Atomkraft-, der Frauen- und vor allem der Ökologie-Bewegung. 1980 gründete sich der Bundesverband der grünen Partei, drei Jahre später zogen die Grünen erstmals in den Bundestag ein. Sie verstanden sich dabei zugleich als Anti-Parteien-Partei, als eine Alternative zu dem, was bisher oftmals als Politik erlebt wurde – ferngesteuert von Lobbyisten, Konzernen und Machtinteressen.

Jörg Zink selbst hat die Gründung der Grünen Partei als Befreiung erlebt. *Fünfzehn Jahre lang hatte ich, auf mich allein gestellt, mit Fernsehfilmen, Vorträgen und Aufsätzen versucht, die Menschen unseres Landes für den Gedanken eines veränderten Umgangs mit der Umwelt zu gewinnen, da saß eines Tages, es war 1979, Wolf-Dieter Hasenclever bei mir und erzählte von Leuten, die mit Hilfe einer neuen Partei, den »Grünen«, in die Politik einsteigen wollten. Endlich! Der Gedanke war faszinierend.*[87]

In Baden-Württemberg war Jörg Zink Gründungsmitglied, was man ihm von verschiedenen Seiten her sehr verübelt hat. Weil er auch immer wieder im Fernsehen zu Umweltthemen gesprochen hatte, gab es nicht wenige Politiker, die Jörg Zink anfeindeten und ihm vorwarfen, er habe seinen Auftrag als Pfarrer in der Öffentlichkeit missbraucht, um den Grünen den Weg in die Parlamente zu ebnen. Er selbst hat sich am weiteren Weg der Grünen nicht aktiv beteiligt. Er hat sie mit kritischer Distanz beobachtet und bisweilen die Vorgänge in der Partei kommentiert, die eine herrschaftsfreie Kommunikation üben wollte und daran immer wieder scheiterte. Er ist den Grünen freundschaftlich verbunden geblieben, in der Festgabe zu seinem 90. Geburtstag ist auch ein Beitrag des ersten grünen Ministerpräsidenten Winfried Kretschmann zu finden. Beide kennen sich seit diesen Anfangstagen der Partei.

Jörg Zink hat seinerseits das Thema Umwelt prägnant und drängend in den Kirchen beheimatet. Und er ist bis heute einer der wenigen, der in ebenso drastischen wie realistischen Worten darauf hinweist, wie es um unsere Welt bestellt ist, wenn wir sie nicht ändern. Er kann sich durchaus vorstellen, dass wir Menschen eines nicht allzu fernen Tages von diesem Erdball verschwinden. Wir hätten das Zeug dazu.

Schöpfungsglaube. Die Erde ist Gottes voll

Erbärmlich ärmlich stehen die Christen mit ihrer Theologie da, was die Frage nach der Welt und der Kreatur angeht. Was Anfang der 1970er Jahre Carl Amery anklagend in die Kirchen gerufen hat, hat Jörg Zink fortgeführt. Christliche Theologie beschäftigt sich seit Jahrhunderten mit dem Verhältnis und der Beziehung von Gott und Mensch. Aber was die Welt, was die Kreaturen sind – eine Leerstelle. Nichts.

Schlimmstenfalls die Aufforderung, sich die Erde untertan zu machen.

1981 legt Jörg Zink ein Buch vor (»Kostbare Erde. Biblische Reden über unseren Umgang mit der Schöpfung«), in dem er zum einen Fakten zur ökologischen Frage zusammenträgt, zum anderen daraus christliche Schlussfolgerungen zieht. Zunächst fordert er auf, die ungeheure Zerstörungskraft der Menschen der Industrie-Moderne wahrzunehmen – und die Trauer darüber zu spüren, dass die uns bekannte Welt am Schwinden ist. Und wahrzunehmen, dass der Grund dafür der Mensch ist, vor allem der Mensch aus den christlich geprägten Ländern, deren Wissenschaft, Industrie und Waffentechnik den gesamten Erdball zu zerstören drohen. Ein *gutes* Gewissen, sagt Jörg Zink, kann niemand mehr haben. Denn wir alle sind mit unserer verbrauchenden Lebensweise der Wohlstandswelt in die Zerstörungsprozesse verstrickt. Es lohnt aber auch nicht, den Buhmann »der« Wissenschaft oder »der« Wirtschaft zuzuschreiben, auch sie sind nur Spiegel unseres eigenen Forscherdrangs und Konsumverhaltens. *Alles, was heute so unerhört gefährlich geworden ist in Wirtschaft oder Waffentechnik, ist Frucht wissenschaftlicher Forschung und Anwendung wissenschaftlicher Erkenntnisse. Aber die Wissenschaft ist nur Ausdruck dessen, was der Mensch ist, was er sucht, was er will und braucht, Ausdruck der Freiheit, die er auch sonst beansprucht, und der Gefahr, die von ihm auch sonst ausgeht.*[88] Ein *schlechtes* Gewissen aber, so stellt Jörg Zink fest,

führt auch nicht weiter, genauso wenig wie die Angst vor einer wahrlich düsteren Zukunft. Was bleibt, ist, die Trauer zu spüren und dadurch auch die eigene Verantwortung. *Ich möchte, nachdem wir das gute wie das schlechte Gewissen weggelegt haben, von einem trauernden Gewissen reden.*[89]
Gott, so betont es Jörg Zink in dem Buch weiter, ist nicht nur ein Gott der Menschen. Er hat auch eine Geschichte mit Tieren. Mit Pflanzen. Mit seiner gesamten Schöpfung. Im Spiegel dessen, was wir den Tieren antun, können wir sogar das Antlitz des Gekreuzigten wahrnehmen – Jörg Zink spricht vom »Karfreitag der Tiere«.
Es ist wichtig, sagt Jörg Zink, dass wir die Gegenwart Gottes in allem, was ist, wahrnehmen. Erst dann werden sich uns neue Wege auftun, um aus unseren zerstörerischen Denk- und Verhaltensmustern gegenüber dem Lebendigen dieser Welt herauszufinden. *Ehe wir unseren Weg auf dieser Erde finden, muss uns Gott ein Gott der Erde geworden sein.*[90]
Jörg Zink zeigt auf, dass die Bibel durchaus von der Heiligkeit der Natur, des gesamten Kosmos spricht, wenn man sie nur aufmerksam durchsieht. Und eigentlich, so seine Folgerung, müsste dem Christentum gerade durch den Glauben an den vom Himmel herabgekommenen, inkarnierten Gott die Erde heilig sein. *Die Inkarnation, die Menschwerdung Gottes verwandelt nicht nur das Bild, das wir von Gott haben, sondern auch den Ort, an dem sie geschieht: die Erde. Die Erde wird zu einem Ort der Begegnung. Wir werden gefunden, und so finden wir Gott. Die Welt wird unsere Heimat.*[91]

Jörg Zink in seinem Garten.

Mit Jesus bekennt sich Gott nicht nur zu den Menschen, sondern auch zur Welt. So, wie in den vielen alten Erzählungen der Bibel, die – in Abwehr der übrigen vorderasiatischen religiösen Vorstellungen – Gestirne, Berge und Flüsse entgöttern will, keine Abkehr von einer prinzipiellen Heiligkeit der Schöpfung gesehen werden muss. *Die Bibel sagt nicht: Die Welt ist leer von Gott. Sie sagt vielmehr: Derselbe behutsame, dankbare, bittende Umgang mit der Schöpfung, der zuvor den Baum- und Quellgöttern oder der Erdmutter gegenüber notwendig war, ist nun dem Herrn, dem Schöpfer gegenüber geboten. Gott, der Herr, ist im Geschöpf anwesend, und das Bewusstsein einer tragischen Verstrickung in vielerlei Schuld an der Kreatur ist Zeichen eines humaneren Umgangs mit ihr als der christliche oder unchristliche Besitzanspruch, der das Recht zum Auslöschen, zum Töten, Verletzen und Leidzufügen naiv in Anspruch nimmt.*[92]

Trauer spüren und Schönheit sehen, das ist die Hoffnung, die Jörg Zink 1981 hegt, auf dass Menschen, möglichst viele Menschen, einen neuen Umgang mit ihrer Welt und damit auch mit sich selbst gewinnen. Denn dieser Gedanke kehrt bei ihm immer wieder: Was um uns geschieht, geschieht zugleich in uns selbst. *Unsere Welt ist immer auch innen in uns, und wenn sie verödet, veröden wir mit, und wir brauchten keine so aufgeblähten therapeutischen Systeme, gingen wir sorgsamer mit ihr um.*[93] Die äußere Barbarei mit unserem Planeten führt zu einer inneren Verwahrlosung der Menschen.

Doch die bange Frage bleibt am Ende der Bestandsaufnahme: Ist Schönheit eine ethische Kategorie? Reicht es aus, den blauen Planeten als einzigartige Ikone der Moderne zu bewundern, um ihn zu bewahren?

Es ist eine Binsenweisheit, dass Gott uns nicht zur Verfügung steht. Aber es ist sein eigenes Geheimnis, dass er uns die Signaturen seines Sprechens und Schaffens zuwendet. Die Erde ist nicht Gott, ganz gewiss nicht, aber sie ist Gottes voll. Wenn mir eins ganz gewiss ist, dann dies. Dass darum der Ort, auf dem ich stehe, heiliges Land ist, ist die Grundtatsache, von der ich ausgehe. Anders bliebe alle Frömmigkeit von Menschen ohne Ort.[94]

Fünfundzwanzig Jahre später, 2006, fasst Jörg Zink im Buch »Schöpfungsglaube« noch einmal seine Theologie der Schöpfung zusammen. Noch einmal greift er den Gedanken des trauernden Gewissens auf. Wer es verspürt, wird zur Verantwortung gerufen. Nicht mehr unbedingt einer Verantwortung einem Gott gegenüber, dem man sich spätestens beim Jüngsten Gericht zu stellen habe. Nein, eine Verantwortung dem Leben, dem Sein selbst gegenüber, dem man sich zugehörig fühlen darf. *Für eine Ethik, die heute gelten kann, ist der in der Neuzeit fast ganz vergessene Begriff der Verantwortung konstitutiv. Er wird heute, im Zeitalter immer rascheren Fortschritts immer entschiedener die zentrale Instanz, die der Vernunft vorgibt, was zu tun sei. Sie war in der Neuzeit mit dem Zurücktreten der moralischen Instanz »Gott« aus dem ethischen Diskurs fast ganz verschwunden. Das ist konsequent. Wenn ich den Menschen selbst für das Maß seines ethischen Tuns halte, kann ich von Verantwortung kaum noch reden, denn Verantwortung sagt ja, es müsse jemand da sein, der den Menschen befragt und dem der Mensch eine Antwort zu geben hat. Sehen wir vom Begriff »Gott« also ab, so ist der Ort der Verantwortung heute das Sein selbst, sofern es dem Drang zum Leben und zur*

Weiterentwicklung anheim gegeben und sofern es vom Verderben bedroht ist. Ethische Motivation entsteht heute nicht mehr damit, dass uns ewige Ideen vor Augen stehen. Sie entsteht auch nicht durch den Wunsch des Einzelnen, vollkommen zu werden. Sie entsteht durch die Vergänglichkeit des Vergänglichen und Bedrohten.[95]

Wie kann ein Weg der Verantwortung aussehen? Zunächst führt er zu einer neuen Achtsamkeit. Schöpfungsethik kann nicht ein weiteres Kapitel der allgemeinen Ethik sein, nein, Schöpfungsglaube ist das Vorzeichen, das das Leben ändern muss. *Es geht um eine Lebensweise, wie sie einem Organ, das einem großen Organismus einwohnt, entspricht und zum Leben gereicht. Es geht um etwas, das wir eine organische Weisheit nennen könnten und das wir unserer kollektiven und notorischen Gedankenlosigkeit entgegenzusetzen vermöchten.*[96] Und diese Lebensweise gründet in Achtsamkeit. In Staunen. So erschließt sich das Jesus-Wort »Wenn ihr nicht werdet wie die Kinder« noch einmal ganz neu: Wenn ihr nicht staunend und mit großen Kinderaugen in der Welt lebt, so seid ihr nicht im Reich Gottes.

Darum sei behutsam und greife sorgsam zu, auch wenn du ganz allgemein mit Menschen und ihren Problemen zu tun hast! Nichts davon ist so einfach, dass du es mit einem Griff packen könntest. Du brauchst dafür die sorgsamen Hände, mit denen du ein Kind aufnimmst. Ehe du urteilst, lass dich berühren![97]

Wer aber achtsam auf alles, was ist, zugeht, der kann sich umgekehrt davon berühren lassen. Berühren lassen vom Leid der Tiere und Pflanzen, dem Seufzen der Kreatur. Es kommt heute nicht mehr darauf an, zur Gattung des *homo sapiens* zu gehören, sondern vielmehr zum *homo patiens* zu werden. Der Weg der Achtsamkeit und des Sich-Berühren-Lassens ist, sagt Jörg Zink, in der Bergpredigt vorgezeichnet zu finden. Wer Ohren hat, der höre! Er ist in dem zu finden, wie Jesus gelebt hat. Wer aber achtsam sich berühren lässt, der findet zu einer neuen Seinsverbundenheit und damit zu einem neuen Lebensstil der Verantwortung für alles, was ist, und damit auch für sich selbst. Das ist ein Ziel, ein für Christen neues Ziel. *Mit allem, was ist, verbunden zu sein und von hier aus die Verantwortung für das Geschick unserer Erde wahrzunehmen, war bisher in der christlichen Überlieferung kaum je ein Ziel. Am ehesten wurde in der franziskanischen Tradition danach gesucht. Dass der Mensch mit der Natur Verbindung halten und in die Erde verwurzelt leben sollte, war kein Thema christlicher Ethik. Der fast völlige Verlust solcher Seinsverbundenheit unter westlichen Zivilisationsträgern aber und die Gefährdung der lebendigen Zone dieser Erde geben diesen Gedanken eine neue, entscheidende Qualität.*[98] Nun kommt alles darauf an, Anfänger in diesem neuen Geist zu werden. Jörg Zinks Hoffnung richtet sich darauf, dass gegenwärtig in vielen Bereichen der Wissenschaften Aufbrüche stattfinden, die genau das ernst nehmen: dass alles mit allem zusammenhängt, der Mensch genauso mit den Sternen wie mit der Erde.

Die schmale Gestalt aus Nazareth. Auf die Suche gehen

Die Erfahrungen des Krieges und der Logik von Macht und Gewalt, die Begründungsmuster des Handelns in der Politik, der bedenkenlose Umgang mit der Schöpfung in der westlichen Welt, dem angeblich »christlichen Abendland«, haben Jörg Zink immer wieder nach dem christlichen Gegenkonzept fragen lassen. Und mehr und mehr hat er festgestellt: Ein solches gibt es nicht, auch wenn die Kirchen so tun. Es gibt nur die schmale Überlieferung einer Gestalt, die uns in ihren Grundbewegungen Urbild sein will. Aber das ist kein fertiges Konzept. Kein Katechismus. Kein Katalog christlicher Werte. Die christlichen Kirchen haben über zwei Jahrtausende hin Jesus befriedet, gezähmt, festgenagelt, sie haben ihm seine Kraft mit ihrem theologisch-philosophischen Überbau genommen, bis oft das Gegenteil dessen gelehrt wurde, was Jesus eigentlich wollte. Jesus wollte den Menschen nicht zum Sünder machen, den nur die Kirche lossprechen kann. Jesus wollte den Menschen zum Gotteskind machen, zu einem Funken des großen Lichts, das leuchtet, um die Welt ein wenig heller zu machen.

Es ist für Jörg Zinks Zugehen auf Jesus charakteristisch, dass er die üblichen Bedenken und Sicherungen der Theologie zwar wahr- und auch ernst nimmt, aber sich davon nicht abschrecken lässt, trotzdem nach Jesus direkt zu suchen – sozusagen mit einer erwachsenen Naivität, einer wiedergewonnenen Unbefangenheit. Er hat damit über Jahrzehnte evangelische Pfarrerinnen und Pfarrer, Jung und Alt in den Kirchengemeinden und auch viele darüber hinaus angeregt, sich auf Jesus neu und neugierig einzulassen. Und sich selbstbewusst von den »Erfahrungen mit Gott« her ein eigenes, ganz persönliches Glaubensbekenntnis zu erarbeiten.

Mehrere Hindernisse stehen gewöhnlich zwischen Jesus und uns, das weiß Jörg Zink. Einmal hat die historisch-kritische Bibelauslegung gezeigt, dass kein einziger Satz, den Jesus in der Bibel spricht, gesichert von ihm selbst so gesagt worden ist. Die biblischen Erzähler, die die außerordentlichen Ereignisse, Heilungen, Wunder und Worte dieses Mannes zu fassen und deuten versuchen, stammen aus der zweiten und dritten Generation. Sie benutzen wiederum verschiedene Quellen, Spruchsammlungen und Erzählungen. Die Evangelisten schreiben vom Hörensagen. Sie verdichten, was andere berichten. Und das, was sie niederschreiben, ist natürlich für ihre Zeitgenossen, für Menschen der Antike geschrieben, für Menschen, die der Meinung waren, die Welt sei ein dreistöckiges Gebäude, Geister und Dämonen nähmen ganz real Besitz von uns, und Frauen seien im Übrigen Menschen zweiter Klasse. Den »historischen« Jesus aus den Geschichten herauszuschälen, das ist daher unmöglich. Und die Worte und Geschichten einigermaßen einzuordnen, das gelingt nur dem, der berücksichtigt, in welche Lebenswelt hinein sie gesprochen sind. Dies ist alles eine wahre und wichtige Erkenntnis der biblischen Theologie der vergangenen zwei Jahrhunderte und eine unverzichtbare Absicherung, um nicht neofundamentalistisch alles, was »geschrieben steht«, wortwörtlich zu nehmen. Aber es führt auch zu einem Spezialistentum – und es droht die Gefahr, die Gestalt und die Grundbotschaft Jesu aus den Augen zu verlieren. Jörg Zink sagt: Trotz allem können wir in die Geschichten eintauchen, uns in die Szenen der Bibel hineindenken, sie nicht wortwörtlich, sondern symbolisch wahr- und für wahr nehmen. Dann können wir sozusagen Mitspieler im Reich Gottes werden und Erfahrungen mit diesem Jesus machen.

Noch ein zweites Hindernis schiebt sich zwischen uns und Jesus: Die Leben-Jesu-Forschung hat gezeigt, dass die Porträts, die die verschiedenen Ausleger der vergangenen Jahrhunderte von Jesus zeichnen, immer nur Deutungen sind, Spiegel ihrer Zeit und weitgehend Projektionen der jeweiligen Autoren. Wer also will noch entscheiden, was wichtig, was unwichtig ist? Welche Kriterien gibt es, heute gültige Aussagen Jesu von längst überholten zu trennen – ist letztlich nicht alles relativ? Das führt dazu, dass es für fragende Menschen oft einfacher ist, die bewährten und über Jahrhunderte gewachsenen Deutungen der Kirchen der ursprünglichen Überlieferung vorzuziehen. In den Kirchen wird einem ja gesagt, wie etwas zu verstehen sei, wie man es einordnen müsse. Dann streitet man allerdings eher über Jungfrauengeburt oder die Rechtfertigungslehre, als sich in die Weihnachtsgeschichte oder in Jesu Umgang mit gescheiterten Menschen hineinzudenken, man kennt sich besser aus in Abendmahlstheorien, der apostolischen Sukzession und anderen aktuellen ökumenischen Streitfragen als in der Erzählung der Gastmähler, die Jesus in Galiläa gehalten hat, und in den Geschichten, die Mut machen, selbst so etwas wie »Jünger«, Jesus-Nachfolger zu werden. Jörg Zink sagt: Es hilft nichts, wir müssen uns selbst unsere eigenen Bilder machen – und wir dürfen es auch! *Jede Zeit hatte ihren Jesus. Aber seltsam: Dabei verbrauchte er sich nicht. ... Dass man Jesus in so vielen Bildern gespiegelt sehen kann, ist für mich heute ein Zeichen seiner universellen Wichtigkeit.*[99]

Jörg Zink erinnert sich, dass sich allein in seinem Leben das Jesusbild für ihn selbst mehrfach gewandelt hat: *Als ich auf Kanzeln stand, jung und unerfahren, begegnete mir der Jesus, der ein Prophet war, der Mann des freien Wortes, der mich lehrte, mich hinzustellen und, ohne von mir selbst etwas zurückzuhalten, zu sagen, was gesagt werden musste, weil es die Wahrheit ist. Es war der Jesus, der mir die freie Rede beibrachte ohne Rücksicht auf Meinungen und Widerstände.*

Aber ich fand auch den anderen Jesus. Ich sah mein Versagen. Ich sah, wie ich vorbeiredete an den Menschen, an den Schulkindern, an den Alten, den Kranken. Ja noch mehr: Als ich

wahrnahm, wie hoffnungslos vergeblich meine eigenen Bemühungen um Stimmigkeit in mir selbst sich ausnahmen und der Selbstzweifel in Selbstverachtung überzugehen drohte, fand ich jenen stillen, inneren Jesus, der zu irgendeinem armen Menschen sagte: »Deine Sünden sind dir vergeben! Geh in den Frieden!« Ich fand den nahen, brüderlichen, der nicht nur Liebe anbot, sondern vor allem sie dem anbot, der sie nicht wert war.
Als Ende der sechziger Jahre des vergangenen Jahrhunderts die soziale Revolte, die sich zunächst gewaltlos in unserem Land zu Wort meldete, das bürgerliche Deutschland erschreckte, war es der Jesus, der Gerechtigkeit wollte auch für die Menschen überall in der Welt, die unter dem Wohlstand der Reichen zugrunde gingen ...
Als es in den siebziger und achtziger Jahren darum ging zu verhindern, dass nicht wiedergutzumachendes Unheil über unser Land und die Menschheit hereinbrach, auf dem Höhepunkt der Raketenpolitik, ... da suchte ich aufs Neue nach Jesus. Ich wusste, dass er die Katastrophen der Menschheitsgeschichte nicht verhinderte, sondern vor allem unter ihnen litt. Und als nun die kleinen Gruppen und später die Massen auf die Straße gingen, um von den Verantwortlichen Friedenswillen einzufordern, da fand ich den Jesus der Bergpredigt, der von Gewaltlosigkeit sprach, vom Sich-nicht-Rächen, von der Liebe zum Feind; den Jesus, der die Weisheit besaß, Wege zu zeigen, wo kein Weg sichtbar war, Wege eines versöhnenden, lebensrettenden Handelns.[100]

Auf den Spuren der Bibel. Im Nahen Osten unterwegs

Wer sich auf die Suche nach Jesus macht, braucht Anschauungsmaterial. Wo hat er gelebt? Für wen hat er gesprochen? Was meinte er, wenn er von Acker sprach, von Feuer, von Wasser? Um ein solches konkretes Anschauungsmaterial

Die Sprache der Bilder: Viele tausend Fotos sind entstanden.

nicht nur für Fachleute zu sammeln, sondern einem breiten Publikum bieten zu können, hat Jörg Zink ab Mitte der 1960er Jahre, dann verstärkt ab 1970 Reisen durch die Länder des Nahen Ostens unternommen. Wenn er ein Land neu kennenlernen wollte, hat er sich meist eine Reisegruppe zusammengestellt und sich mit ihr gemeinsam durch die biblischen Orte Israels, Ägyptens oder Syriens führen lassen.

Reisen durch den Orient: Am Sinai.

Oder er ist zunächst mit seiner Frau durch das Land gefahren. Dann kam er wieder, mit dem Fotoapparat in der Hand und einem Kamerateam an seiner Seite.
1970 war er das erste Mal in Israel unterwegs, 1971 kam er wieder und bereiste auch den Sinai, 1972 fuhr er durch Israel und Ägypten, die Türkei und Syrien, in den Folgejahren in den Irak, Iran, Libanon, Jordanien und den Jemen, Griechenland und Kreta. Bis 1979 zählt Jörg Zink insgesamt knapp dreißig Reisen. Auf mindestens zehn Reisen war seine

Gegenüber der Akropolis Anfang der 1970er Jahre.

Frau mit dabei. Oft hat Jörg Zink sich dabei eine Zeit lang ganz allein in die Wüste zurückgezogen. »Ich habe die Wüste geliebt«, erinnert er sich heute. »Wenn ich allein in der Wüste war, habe ich das Gefühl gehabt, dort komme ich ganz zu mir selbst.« Manche Begegnung war nicht ungefährlich. In Alexandria hat er einmal einen Volksauflauf ausgelöst, erzählt er. »Die Leute schrien: Das ist ein Freund Israels, und sie wollten mich beinah totschlagen.« Im Irak hat er einmal ein paar Mädchen, die auf der Straße standen, fotografiert. »Plötzlich schreit mein Kameramann: Geh weg! Und ich springe zur Seite – da schlägt schon einer mit einer Axt zu und hätte mich wohl umgebracht, weil ich eine Frau fotografiert habe.« Ein anderes Mal wurde er von UN-Soldaten festgenommen, weil er Blauhelme auf dem Sinai fotografiert hatte. An der Grenze zwischen Syrien und der Türkei wurde aus einem Grenzbunker auf sie geschossen, weil sie die stacheldrahtdurchzogene Landschaft filmten. Geschichten, die eigene Reisetagebücher füllen würden, die Jörg Zink aber nie niedergeschrieben hat. Die Mühe, die das Fotografieren und Filmen damals in vordigitalen Zeiten gemacht hat, lässt sich heute kaum noch erahnen. Dazu kam das Problem, entsprechende Drehgenehmigungen zu bekommen, was oft nur mit viel Verhandlungsgeschick möglich war.

Ich weiß nicht, wie viele 10 000 km ich im Wagen durch das Land fuhr, so lange, bis ich auch auf abgelegenen Pisten keiner Landkarte mehr bedurfte. Und manchmal mietete ich mir ein Flugzeug, um mir Galiläa einzuprägen oder das Jordantal oder Jerusalem oder Hebron, den Negeb oder den Sinai. Wenn wir dabei filmten, ließen wir die Seitentür der Cessna zu Hause, setzten uns, der Kameramann und ich, in die offene Tür und filmten und fotografierten.«[101]

Diese Reisen brachten reiche Ernte ein. Jörg Zink schätzt, dass er ca. 100 000 Fotos mit nach Hause gebracht hat. Daraus hat er sich ein riesiges Bildarchiv im Obergeschoss seines Hauses angelegt. Er gibt das große »Bildwerk zur Bibel« heraus, dazu kommen Bildbände und Filme, die erst im Fernsehen laufen und dann für die Gemeindearbeit eingesetzt werden. Über Qumran hat Jörg Zink den Spielfilm »Kinder des Lichts« gedreht, mit israelischen Schauspielern – »wohl eine der besten Sachen, die mir damals gelungen sind«, urteilt er heute.

All die Fotoserien, Bildbände und Filme wollten dabei vor allem eins: die Lebenswelt und damit auch die Bildwelt biblischer Geschichten aufschließen. Den Weg Jesu sichtbar werden lassen, um ihn als Mensch in einem konkreten Umfeld erfahrbar zu machen.

Die Bilder konstruieren sozusagen die Kulisse und von da aus fragt Jörg Zink weiter: Wie kann Jesus so lebendig werden, dass er für Menschen heute zum Urbild werden kann? Wie lässt sich das Dilemma überwinden, dass, wer allein nach dem historischen, echten Jesus-Wort sucht, zugleich Gefahr läuft, Jesus selbst dabei aus dem Blick zu verlieren. Genauso wie der, der einzelne Sätze aus der Bibel herauspickt und daraus seine Theologie oder auch seinen Lebensstil begründen will. Wichtig ist, sagt Jörg Zink, den *ganzen* Menschen Jesus kennenzulernen, sozusagen das Porträt, das uns Paulus und die Evangelisten malen, als Ganzes zu betrachten. Wie ist dieser Mann auf Menschen zugegangen? Wie hat er von Gott erzählt? Was hat er vom Menschen und vom Leben gehalten? Was waren die Grundmuster seines Handelns, seines Redens, seiner Gegenwart? Wer heute nach einem christlichen Leben fragt, kann nicht erwarten, dass es darauf direkte Antworten in 2000 Jahre alten Texten gibt. Aber es gibt Grundgesten und Grundhaltungen des Lebens, die Jesus vorgelebt hat und die auf eigentümliche Weise offen dafür sind, sie im Hier und Jetzt zu übernehmen und auszuprobieren.

Denke nicht klein, sondern groß! Grundlinien eines Jesus-Porträts

Für Jörg Zink sind im Laufe seines Lebens unterschiedliche Züge dieses Mannes aus Nazareth kennzeichnend und wichtig geworden. Zusammengefasst hat er vieles zunächst in dem Buch »Erfahrung mit Gott« (1974). Einen guten Einblick in seine Sicht auf Jesus bieten die Bücher »Jesus« (2001), »Ruf in die Freiheit. Entwurf einer zukunftsfähigen christlichen Ethik« (2007), »Jesus. Funke aus dem Feuer« (2008), »Vom Geist des frühen Christentums. Den Ursprung wissen – das Ziel nicht verfehlen« (2011). Darin fragt er konsequent, was denn das Besondere, das Auffällige, das Herausragende dieses Mannes gewesen sei, wenn man mal die kirchliche Lehre außer Acht lässt. *Jesus sprach zu den Belasteten des Geistes und der Seele, zu den Leidenden und Getretenen, und was er das Evangelium nannte, bewirkte unter anderem die Entlastung und Befreiung dieser Menschen. Was nicht zum Leben hilft, ist nicht sein Wort. Was nicht befreit, ist nicht sein Werk. Was nur Gedanken bringt und keinen Trost, mag tausendmal klug und tiefsinnig, es wird nie Ausdruck seines Willens sein*[102], schreibt Jörg Zink 1974. Diese Kriterien hat er sich auf der Suche nach seinem Jesus über die Jahrzehnte bewahrt.

Es mag uns neu sein, aber ich sehe in Jesus etwas ungemein Heiteres. Einen Menschen mit einer Überlegenheit, die sich wunderbar gütig gibt, mit einer großen und genauen Achtsamkeit auf Menschen und Verhältnisse. Aber diese Heiterkeit ist alles andere als naiv. Aus ihr ergibt sich ein Leben, das realistisch bleibt und mühevoll, das aber gelöst und unverkrampft von dem zehrt, was ein freundlich beteiligter Gott ihm an Kräften gibt, und vertrauend angeht, was er ihm vor die Füße legt.[103]

Welche Grundmuster fallen auf, wenn Jesus mit Menschen in Beziehung tritt? Jörg Zink beobachtet dieses: Jesus bezeichnet die Armen, Asozialen, die Gebrochenen und die Verbrecher nicht als »böse«, sondern als »verloren« – verbunden mit der Aufforderung, sie suchen zu gehen. Jesus sieht die Schwere der Last, unter der die Menschen leiden, einfach deshalb, weil das Leben so ist, wie es ist, und er will ihnen die Schwere wie auch die damit verbundene Angst nehmen, will ihnen zeigen, dass sie eine Zukunft haben, sodass seine Botschaft ist: *Weder dein Schicksal noch irgendeine fremde Macht kann dich bedrohen. Du bist gehalten. Stell dich also auf deine Füße. Fang an zu gehen und vertraue darauf, dass der Grund, auf dem du gehst, trägt.*[104] Jesus lehrt und lebt eine ganz eigentümliche Sorglosigkeit, die, in dem Bewusstsein, getragen und begleitet zu sein, zum Glück führt. *Er sagt: Sei glücklich. Lass deine Sorgen hinter dir. Glück ist die Sorglosigkeit, die dort entsteht, wo du deine Sorge Gott anheim gibst.*[105] Jesus macht Mut, auf die Zukunft zuzugehen und sich selbst und die Welt von der besseren Zukunft her, die er »Reich Gottes« nennt, neu zu verstehen. *Er sagt: Schau voraus! Dein Weg führt weder ins Dunkle noch ins Unbekannte. Er führt weder ins Ausweglose noch in den ewigen Kreislauf. Er führt durch alle Wandlungen hindurch in die Helle und in die Freiheit. Er führt dich nach Hause.*[106] Jesus geht bei alledem auf Männer und Frauen gleichermaßen zu, was zu damaligen Zeiten mit Fassungslosigkeit zur Kenntnis genommen wurde, in einer Welt, in der die Frage umging, *ob denn die Frau mehr dem Menschen oder mehr den Tieren zuzuordnen sei. Ob sie an Gottes Geist teilhabe oder nicht. … Er berührt beide, er lässt sich von beiden berühren, er wendet sich Frauen und Männern gleichermaßen zu, er redet – was ein Rabbi jener Zeit nicht tat – in aller Öffentlichkeit mit Frauen wie mit Männern.*[107]

Dieses Zugehen auf Menschen verdichtet sich für Jörg Zink im Bild des Gastmahls. Jesus hat das Leben gefeiert, er war kein Asket, er wird von seinen Gegnern sogar als Fresser und Weinsäufer bezeichnet. Jesus hat das Leben mit allen möglichen Menschen gefeiert – und dieses Mahlhalten mit ihm muss so prägend gewesen sein, dass sich das Zeichen von Brot und Wein über die Jahrhunderte als das Zentrum christlicher Gottesdienstpraxis erhalten hat, wenngleich sich auch die Interpretationen dieses Mahls weit von dem entfernt haben, was Jesus zunächst mit einfachen Menschen in Galiläa getan hat. *Er erklärte ihnen nicht, sie seien Sünder. ... Er sagte, mit anderen Worten: Komm! Ich will mit dir feiern! Du bist mir recht. Du bist auch Gott recht. In dem Augenblick, in dem du die Einladung annimmst, ist alles gut. Die Einladung selbst und die Aufnahme in die Tischrunde sind die Vergebung der Sünden. Die Vergebung kommt nicht hinzu. Sie geht nicht voraus. Sie kommt nicht hinterher.*[108] Jesus kehrt damit die rituellen Ordnungen seiner Zeit um, nach denen der Sünder zunächst bereut und Wiedergutmachung geübt haben muss, bevor er wieder aufgenommen wird in den Kreis der »Gerechten«. Jesus nimmt *zuerst* auf. Er sieht die Menschen aus der Perspektive der Möglichkeit, der Zukunft, so, wie sie gedacht und geschaffen sind.

Was uns als Moral angeboten wird, verfügt von einem übermächtigen, bedrohlichen Gott, das müssen wir einmal gründlich vergessen haben. Was uns von dem Gott erzählt wird, der unerreichbar, unansprechbar auf seinem Berg thront und uns Menschen vor allem klein macht, das muss in unseren Händen einmal gründlich verwelkt sein. Nein, sagt Jesus: Gott hat dich ins Leben gerufen, weil du wachsen sollst, weil etwas Großes aus dir hervorgehen soll: sein Reich. Du bist wichtig, weil du Gottes Ort bist. ... Ihr seid ein Ort und Wirkraum Gottes. Mehr könnt ihr nicht wollen und nicht werden. Anders gefasst: Ihr seid der Acker, in dem Gott sein Reich wachsen lässt. Ihr seid unentbehrlich, wenn dieses Reich entstehen soll. Ihr könnt es zwar nicht schaffen, aber ihr könnt ihm Raum und Nahrung geben. Das Reich, das seid ihr selbst.[109]

Wie sieht Jesus die Menschen? Uns? Ein einprägsamer Schlüssel für das Menschenbild, das Jesus vermitteln will, ist Jörg Zink ein Paulus-Wort aus dem Epheserbrief geworden: »Lebt wie die Kinder des Lichts.« *Kinder des Lichts* ist in der hebräischen Sprache ein poetischer Ausdruck für die Feuerfunken, die aus dem Feuer aufsteigen ins Dunkel der Nacht. Jesus, der von seinen Begleitern als Licht, als Feuer, als ungeheure Energie- und Kraftquelle beschrieben wurde, will uns anstecken, selbst zu leuchten, hinaus in die Welt. Der rote Faden, den Jörg Zink in Jesu Auftreten findet, ist der, dass er von der offenen Zukunft her denkt und handelt, von dem, was er Reich Gottes nennt. Und dass er das Reich Gottes durch und in den Menschen kommen sieht, die sich anstecken lassen von dieser Vision. *Jesus dachte nicht von unseren Defiziten aus, sondern von einer uns schon gegebenen Würde. Er wollte nicht, dass wir uns als kleine schmutzige Sünder verstehen, sondern dass wir groß von uns denken. Sehr groß.*[110] Wir sind – wie Jesus selbst es uns gezeigt hat – Kinder Gottes. Wir sind gesehen. Wir sind wahrgenommen. Wir sind geliebt. Wir haben eine Aufgabe. *Indem er den Menschen das Große zeigt, das ihnen bevorsteht, weckt er in ihnen den Willen zu der Größe eines Verhaltens, das jeden möglichen Rahmen einer Ethik sprengt.*[111]

In vielen Varianten spielt Jörg Zink diese Erkenntnis durch: Jesus denkt von einer offenen, besseren, gottdurchdrungenen Zukunft her. Die nennt er »Reich Gottes«, »Reich der Himmel« oder »Himmelreich«, egal wie man es übersetzen will. Die Wirklichkeit ist im Anfangen begriffen, ist eine kommende Wirklichkeit, in die Jesus uns alle, sich selbst inklusive, mit hineinverwoben sieht. Wie diese Wirklichkeit aussieht? Wo sie zu finden ist? Wie wir uns das vorzustellen haben? Darum geht es in vielen Gesprächen, die Jesus mit den Menschen geführt hat, mit denen er es zu tun bekam. Und jetzt kommt es: Gespannt wartet man auf Antwort – und wird enttäuscht.

Denn was tut Jesus? Er gibt den Ball zurück an die Fragenden. Er sagt: Denk doch selbst nach. Wo könnte ein Reich Gottes sein? Er definiert nichts. Er erzählt Geschichten. Malt Bilder. Gibt Gleichnisse. Das Himmelreich gleicht einem Schatz, verborgen im Acker, den ein Mensch fand und verbarg; und in seiner Freude ging er hin und verkaufte alles, was er hatte, und kaufte den Acker. Das Himmelreich ist ein Fest. Ein Senfkorn. Diese Auskünfte erscheinen zunächst enttäuschend wenig. Aber auf den zweiten Blick sind sie ungeheuer weise. Denn sie geben nichts als eine Richtung vor – und sind daher ein unerschöpflicher Brunnen, um wieder und wieder selbst zu denken. Sich selbst mit einzuschreiben in diese Denkgeschichte mit Jesus.

Die Weisungen Jesu, wie denn ein gutes Leben auszusehen hat, verdichten sich in Poesie. In Beispielgeschichten. Und sie sind stets verbunden mit der Aufforderung, sich darauf einen Reim zu machen. Selbst weiter zu dichten, ins eigene Leben hinein. Sie zu übertragen. Sie als Beispiel zu nehmen, aus dem etwas zu lernen sei. Eine Haltung. Eine Bewegung. Eine Richtung. Jesus gibt also keine direkte, sondern eine paradigmatische Anweisung. Was die Hörer am Ende in der Hand haben, ist nicht ein Regelwerk von Vorschriften, sie sind vielmehr durch Bilder an ihre eigene Situation gewiesen. Wer sich Jesu Bilder anschaut, merkt schnell: Es sind allesamt dynamische Bilder, die zeigen, dass dieses wie immer geartete »Gottesreich« dann gegenwärtig wird, wenn Menschen anfangen, darauf zuzugehen. Sich selbst von dieser Zukunft her verstehen und damit ihre Gegenwart verändern. Anfänger des Reiches Gottes werden. Dann ist es »mitten unter uns« oder »mitten in uns«. Es ist im Werden da.

Jesus sagt nicht: Ihr seid Sünder!, wie es die Kirche seit zwei Jahrtausenden in allen Tonarten wiederholt. Er sagt: Gott will, dass ihr leuchtet! Er ist das Licht, und ihr sollt Ihn in dieser Welt sichtbar machen! Jesus sagt auch: Ihr seid Salz. Ihr seid fähig, wie Salz die Welt und das Menschenleben vor Fäulnis zu schützen. Von Salz ist wenig nötig. Aber dieses Wenige seid ihr! Habt den Mut, euer Wort zu sagen und eure Wirkung zu tun, damit das Leben in eurem Umfeld auf die von Gott gemeinte Weise verläuft.[112]

Werdet Anfänger! Wer so denkt, auch das fordert Jörg Zink seit Jahrzehnten, sollte sofort damit anfangen, die heutigen verfassten Kirchen dazu zu bringen, auch neu anzufangen. Noch mal nachzulesen. Anderes auszuprobieren. Denn um im Sinne Jesu Anfänger zu sein, braucht es eben keine Vermittlung durch die »Schriftgelehrten« und »Hohepriester«, durch die »Studierten« und »Geweihten«. Jesus selbst hat sich diese Freiheit herausgenommen – und er hat gelehrt, dass sich jeder so verstehen kann. Als Tochter und Sohn Gottes. Direkt. In Beziehung. In den Evangelien gibt es für diese Direktheit ein schönes Wort: Es wird berichtet, Jesus spreche mit »Vollmacht«. Er traut diese Vollmacht allen zu. Er sagt: Nennt Gott euren Vater, mehr noch euren Papa. Erkennt keine Autoritäten an außer Gott und versucht auch selbst, keine Autoritäten für andere zu sein. Fangt an, euch allesamt als Gotteskinder zu sehen. Grundlage seiner ganzen Verkündigung, seiner Weisungen, Geschichten und Heilungen ist die implizite Aufforderung, jeden Tag neu anzufangen. Und nicht mehr damit aufzuhören, das Leben als ein beständiges Anfangen zu begreifen. Und schließlich sogar den Tod als einen Anfang zu sehen. So ließe sich der Ruf doch auch verstehen, den der Evangelist Markus seinem Jesus-Porträt voranstellt: Kehrt um und glaubt an die Frohe Botschaft. Heißt das nicht auch so viel wie: Werdet Anfänger, ihr seid zu Größerem berufen, als ihr heute sehen könnt?

Absteigen und weit werden.
Einer Bewegung folgen

Die Aufgabe ist gestellt. Aber: Wer in den Geschichten der Bibel spazieren gegangen ist, sich in die Bildwelt Jesu vertieft hat, wer seine »Erfahrungen« mit Worten und Geschichten gemacht hat, dem stellt sich trotzdem immer noch die Frage: Was bedeutet das alles für mich heute? Welche Lebensweisungen gibt Jesus denn, damit ich »leuchtender Funke« aus seinem Feuer sein kann? Was bedeutet »Gotteskindschaft« im dritten Jahrtausend?

Es sei absurd, sagt Jörg Zink, zu vermuten, die Bibel gebe direkte Anweisungen für unsere Probleme in einer globalisierten, atomar hochgerüsteten Welt, der der klimatische Kollaps droht, in der Ausbeutung im großen Stil gefördert wird, ganze Landstriche durch Wirtschaftsinteressen unbewohnbar gemacht werden und der Terrorismus Angst und Schrecken verbreitet. Die Bibel kennt kein Handy, kein Internet, keinen Strom. Die Rettung der Lebenswelt, die globale Erwärmung, das Aussterben von Tieren und Pflanzen ist den Menschen der Bibel kein Problem. Und wie soll man erwarten können, dass Jesus etwas zur Gentechnik sagt, zu der Frage, wann menschliches Leben beginnt, wann es zu Ende ist, unter welchen Bedingungen Sterbehilfe straffrei sein sollte oder ob ein Organspendeausweis Christenpflicht ist?

Es gibt einen großen Denkfehler, in der Gesellschaft wie in der Theologie, sagt Jörg Zink. Man kann aus den Weisungen

Jesu, auch nicht aus den oben angesprochenen Grundhaltungen des Mannes aus Nazareth, eben keine allgemein gültige Dogmatik und Ethik machen. Es gibt nicht *die* christlichen Werte, *die* spezifisch christliche Moral, *den* universellen Katalog einer speziell christlichen Lebensweise – auch wenn sich Politiker und Pfarrer oft genug gleichermaßen auf solche christlichen Werte berufen. *Es rührt mich immer,* schreibt Jörg Zink, *wenn in den oberen Etagen der Bundesrepublik jemand von christlichen Werten schwärmt und dabei vielleicht die soziale Gerechtigkeit meint oder den Frieden, die Freiheit, die Menschenwürde oder die demokratische Staatsform. Denn keiner dieser Werte kam zu seiner Geltung durch die christlichen Kirchen. Das muss einmal in aller Härte gesagt werden. Die christlichen Kirchen haben in den vergangenen zweitausend Jahren selten zu den Kräften gehört, die daran interessiert waren, solche Werte praktisch durchzusetzen.*[113]

Nicht einmal die zehn Gebote reichen aus, ein sinnvolles, gutes Leben zu führen. Es gilt für jeden, was jeder, der heute Theologie studiert, zu lernen hat: Alle Worte, »Gesetze« und Weisungen der Bibel sind Dokumente einer bestimmten Zeit, gesagt und geschrieben für ein Leben im Vorderen Orient vor 2000 Jahren und mehr. Nach welchen Kriterien sollte denn getrennt werden zwischen den »wichtigen« Regeln, die uns heute noch angehen, und den »zeitgebundenen«, die uns Heutigen nichts mehr zu sagen haben? *Das Alte Testament, aber selbst das Neue, sind mit unübersehbarer Deutlichkeit in einer Geschichte beheimatet, in der vieles noch selbstverständ-*

lich oder möglich war, das seinen Sinn und seine Geltung für uns inzwischen völlig verloren hat. Was aber von dem, was dort angewiesen wird, ist nun wirklich für uns gültig und was nicht? Und wer will diese Trennung vollziehen? Wir haben etwa die moralischen Anweisungen in den Briefen der Apostel. Zum Beispiel, eine Frau dürfe sich keine Zöpfe flechten, oder sie habe in der Gemeinde zu schweigen. Nun zweifelt kaum ein Theologe oder Bibelausleger daran, dass eine Frau von heute sich die Frisur zulegen darf, die ihr steht. Das Gebot gilt also nicht mehr. Aber wer erklärt uns, warum das andere, das mit dem Schweigen, heute noch gelten solle?[114]

Das alles ist aber kein Manko. Es ist vielmehr Jesus gemäß, betont Jörg Zink. Noch einmal: Jesus selbst lässt sich auf keine Antwort festnageln in der Frage, wie ein gutes Leben auszusehen habe und welche Regeln denn zu befolgen seien. Wer nach einem guten Leben im Sinne Jesu fragt, der stellt bei seinen Weisungen den Grundzug fest, sich selbst immer zugleich zu relativieren und ad absurdum zu führen. *Es will so scheinen, als habe Jesus keine in sich stimmige, keine für alle geltende und keine für die Gesellschaft taugliche Ethik schaffen wollen. So schafft er als erstes alle Autorität ab. Seid keiner Autorität untertan, sagt er. Und wollt selbst keine Autorität für andere sein. Menschen stehen auf gleicher Ebene, nur Gott kann Autorität sein. ... So nimmt er nicht nur den Autoritäten, sondern allen Menschen das Recht, andere Menschen in gut und böse einzuteilen. Sie haben alle kein Mittel dazu. ... Oder Jesus hebt die Unterscheidung zwischen*

Tötung und dem Tötungswunsch auf. Er sagt: »Wer mordet, muss vor ein Gericht gestellt werden.« Richtig. »Aber ich sage euch: Wer mit seinem Bruder zürnt, ist dem Mörder gleichzuachten (Matthäus, 5,21–22). ... Offenbar distanziert Jesus sich von allen einzelnen ethischen Maßstäben und allen ethischen Vorschriften auf die Weise, dass er die Forderungen in einer so unerreichbaren Höhe ansetzt, dass das gemeinsame Leben der Menschen auf dieser Erde so ununterscheidbar im Unethischen stattfindet, dass weder Urteil noch Strafe es retten können.[115]

Die Reaktion darauf ist seit Jahrhunderten in und außerhalb der Kirchen die gleiche: Also gelte das, was Jesus sagt, nur im übertragenen Sinne. Oder nur manchmal. Oder es sei lediglich eine Richtung, in die man denken solle. Oder eigentlich kaum mehr als ein frommer Wunsch. Oder nur etwas für Ausnahmegläubige. Fürs Kloster. Für Radikale. Oder etwas für die geistige, nicht für die reale Welt. Der Satz »Mit der Bergpredigt kann man keine Politik machen« ist sprichwörtlich geworden.

»Man kann mit der Ethik Jesu, der Ethik etwa der Bergpredigt, keine Politik machen«, sagt man auch unter Christen. Man kann auf Gewalt nicht verzichten. Man kann nicht verlangen, dass ein Politiker »ein Ja spricht, das ein Ja ist, und ein Nein, das ein Nein ist«. Man kann seinen Feind nicht »lieben«. Man baut also Hilfskonstruktionen in die christliche Ethik ein, die wie ein stüt-

zendes Balkengerüst dem Wort Jesu festen Stand geben sollen. Ob das die »Zwei-Reiche-Lehre« der Protestanten ist, wie sie den Fürsten des 16. Jahrhunderts wohl gefiel, oder das Naturrecht der katholischen Theologie, wie es aus dem Weltbild des Mittelalters hervorging, eine populäre Volksmoral, wie sie überall zu sichern vermag, was ist und gilt, eine zeitgemäße revolutionäre Absicht, wie sie in den siebziger Jahren des vergangenen Jahrhunderts vielen zum Maß des Christlichen geworden ist, eine die Verhältnisse stabilisierende Soziallehre, wie man sie heute sucht, eine Hierarchie von Werten oder speziell von »christlichen Werten«, von denen in den oberen Etagen der Bundesrepublik so mancher träumt, oder was es immer sei, das den Anweisungen Jesu zu Stand und Halt helfen soll. Von seinem Wort und seinem Geist bleibt in aller Regel nicht viel übrig.[116]

Jörg Zink sagt nicht: Weil der ethische Maßstab Jesu so hoch ist, dass er unerreichbar scheint, können wir alles gleich bleiben lassen. Er fragt weiter: Was wollte Jesus denn dann, wenn er keine festgezurrte Ethik wollte? Denn eines steht doch fest: Er wollte sehr viel! Es ist nur auf einer anderen Ebene zu finden als auf der eines auswendig zu lernenden Regelwerks. *Was wir Christen ... einzubringen haben, ist nicht zuerst eine Ordnung, sondern die Freiheit unseres Glaubens und die Richtung, die er dieser Entwicklung gibt.*[117]

1979 auf dem Kirchentag in Nürnberg.

Was Jesus vorlebt, ist eine Bewegung. Universell anwendbar. Ein Ruf in die Freiheit. Die Grundbewegung, die Jesus uns mit der Bergpredigt und seinen Beispielgeschichten mit auf den Weg gibt, ist, so sagt Jörg Zink mit der ihm eigenen Fähigkeit, die Dinge auf den Punkt zu bringen: Steige ab und werde weit. Oder anders gesagt: Steige ab und liebe und tu, was du willst. Jörg Zink ergänzt die alten Augustinusworte »Liebe und tu, was du willst« um etwas Entscheidendes. Um eine Bewegung nach unten. Um sich als Mit-Mensch mit jedem anderen zu sehen. Nicht als Krone der Schöpfung, sondern als Mit-Geschöpf. *Was für Weisungen gibt uns denn Jesus für unser Tun? Er gibt im Grunde nur zwei: Die eine sagt: Mach dich weiter, als du bist. Geh immer weiter nach draußen. Liebe dich selbst. Ja. Liebe den Menschen neben dir. Aber nun weite dich: Liebe den Fremden. Liebe den Gegner. Den Feind, bis es niemanden mehr gibt, den du nicht lieben kannst. Die andere Weisung sagt: Lebe unten. Verzichte auf deine eigene Bedeutung, deinen eigenen Rang, das eigene Recht, die eigene Macht, die eigene Würde, den eigenen Erfolg. Setze dich auf den letzten Platz. Die Alten sprachen davon, es gehe um die »conformitas viae«, um die Ähnlichkeit unseres Weges mit dem Weg Jesu Christi. Auf diesem Weg hat Augustin die Regel gewonnen: Liebe, und tu dann, was du willst. Du bist frei. Ich möchte dieses Wort, wie schon gesagt, ergänzen: Lebe unten, bis du auf Augenhöhe bist mit dem, der deiner Liebe bedarf. Dann liebe. Und dann tu, was du willst.*[118] Das ist Jörg Zinks Bekenntnis zur Freiheit eines Christenmenschen.

Die Allianz der Zukunft. Lernende werden

Wir sind Kinder Gottes und geschickt in die Welt. Wir sind Salz. Wir sind Lichtfunken. Das gibt uns Jesus auf den Weg, sagt Jörg Zink. Der Weg aber, die konkreten Aufgaben für eine Kirche und für Christen der Zukunft, die ergeben sich nicht aus der Bibel und nicht aus Jesu Passion, sondern aus dem Hier und Jetzt. So wie Jesus im Gleichnis vom barmherzigen Samariter die Frage »Was muss ich tun, um den Nächsten zu lieben?« in die Frage umwandelt: »Wer ist denn mein Nächster?« Die Aufgaben der Zukunft haben die Kirchen in den vergangenen Jahrzehnten erkannt und benannt: Gerechtigkeit, Frieden und Bewahrung der Schöpfung. Jörg Zink hat dabei mit allem Nachdruck an die globale Verantwortung und umgekehrt an die apokalyptische Dimension erinnert. Es geht um die Welt. Es geht um das Ganze. Und es geht jeden an. Und Jörg Zink fügt etwas sehr Wichtiges hinzu, was meistens verschwiegen wird, aber doch mitbedacht werden muss: Die Christenheit hat, will sie sich der Rettung der Welt in den genannten Feldern widmen, ein Glaubwürdigkeitsproblem. Gerade auch gegenüber den anderen Religionen, die sie als Bundesgenossen für diese globale Aufgabe braucht. Nicht nur, weil sie mit den konfessionellen Streitigkeiten seit Jahrzehnten eher mit sich selbst als mit der Rettung der Welt beschäftigt ist. Sondern weil es grundlegend neu ist, dass Christen sich wirklich für Frieden, Gerechtigkeit und die Schöpfung einsetzen. *Ist es nicht das erste Mal in zweitausend Jahren, dass offizielle christliche Kirchen von Gewaltlosigkeit sprechen? Traten sie in den letzten eintausendsechshundert Jahren nicht immer eher als die Haudegen auf denn als Friedensengel? Und wer hat denn die Kriege so entsetzlich gemacht? Wer hat das ganze Kriegsgerät, das in den heutigen Kriegen eingesetzt wird, erfunden? Waren das nicht vor allem die christlichen Völker?*

Globale Gerechtigkeit? Es waren doch wohl nicht die Chinesen oder Inder, die seit fünfhundert Jahren mit ihren Kriegsflotten von Ufer zu Ufer gefahren sind, um die Reichtümer anderer Völker in ihrer Heimat anzuhäufen, bis am Ende die ärmsten der armen Völker sämtlich von ihnen abhängig waren? Ist das System der heutigen Weltwirtschaft nicht das vor allem von den Christen erfundene Mittel zu einer weltweiten Herrschaft der Reichen?

Sorgfalt mit der Erde? Wer hat denn die moderne technische Zivilisation erfunden? Wer die energiefressende Industrie? Wer ist es denn, der heute auf der Bühne dieser Welt mit dem arroganten Anspruch auftritt, alle anderen Völker hätten sich dieser zerstörerischen Lebensweise anzupassen? Die Kirchen tun gut daran, ihre neuen Bekenntnisse vernehmlich in die Welt hinauszusprechen. Aber sie sollten sich dabei nicht der Illusion hingeben, was sie sagen, sei außerhalb der christlichen Welt glaubwürdig.[119]

Doch die Christenheit der Zukunft hat keine Wahl, sagt Jörg Zink. Sie muss sich an der Rettung der Welt beteiligen. Sie darf dabei weder auf Kirchenleitungen noch auf »die« Weltreligionen warten. Die offiziellen Ebenen arbeiten für die Ewigkeit. Doch es geht um das Heute und Morgen. Und deshalb um die einzelnen, sensibel gewordenen Menschen. Wer anders als die religiös Empfindsamen kann die Kraft aufbringen und das Zeitalter der Kriege beenden? Dem sozialen Unrecht weltweit widerstehen? Das Zeitalter der Ausbeutung der Erde zu einem Ende bringen? Anders, so sagt es

Jörg Zink eindringlich, gibt es kein Überleben und keinen Fortbestand der Biosphäre, wie wir sie kennen.

1983 schon schrieb er – und heute wiederholt er es: *Dass man die Bergpredigt heute als rettenden politischen Weg entdeckt, das ist für viele so neu, dass uns das Umdenken, das dort verlangt ist, noch Jahrzehnte lang überfordern wird. Aber die Richtung ist klar: Mit jedermann reden, auch mit dem, der an Gewalt glaubt, und zwar ohne Hass. Mit jedermann leben, auch mit denen, die Macht haben und an ihre Macht glauben, und zwar ohne Überheblichkeit. Aber sich von jedermann unterscheiden, der noch seine Hoffnung auf Macht und Gewalt setzt. Das wäre zu versuchen. ... Die Bergpredigt gibt die Richtung an. Die Richtung, in die wir heute zu denken haben, in der wir unsere Versuche anstellen müssen, unsere anfängerhaften und vielleicht nicht sehr erfolgreichen. Wir werden abwägen müssen, wie in diesem oder jenem Fall zu reagieren sei. Wir werden uns selbst nicht verachten, wenn uns kein anderer Weg einfällt als der der Gewalt, aber wir werden kritisch bleiben unserer eigenen Antwort gegenüber. Immerhin fehlt es uns bislang beinahe gänzlich an Übung und Erfahrung mit diesem Weg, einen Konflikt zu beenden. Aber immer wieder solche Alternativen zu suchen, zu prüfen und einzusetzen, wird nicht utopisch, sondern notwendig sein, wollen wir erreichen, dass es künftig auf diesem Erdball einigermaßen menschenwürdig zugeht.*[120]

Eine Kirche Jesu Christi, die sich diesen Aufgaben verschrieben hat, braucht aber erst noch Glaubwürdigkeit. Und deshalb steht zuallererst an, die konfessionellen Grabenkämpfe zu beenden. *Es mag künftig ebenso viele Konfessionen geben, aber keine Kämpfe, keine Rechthabereien.*[121] Und dann braucht eine Kirche Jesu Christi Bundesgenossen. Der »interreligiöse Dialog« kann nicht zum Thema haben, welcher Gott denn der wahre und welche Wahrheit denn die wahrere sei. Er wäre absurd. Das Gespräch mit den anderen Religionen dieser Welt kann und muss zum Thema die Rettung des Lebens auf dieser Erde haben. Religionen dienen dem Leben. Religionen in einer globalisierten Welt müssen dem gemeinsamen Leben auf diesem Planeten dienen. Dazu aber muss es gelingen, dass sich die Religionen nicht als Konkurrenten, sondern als Bundesgenossen sehen. Dass es nicht um möglichst scharfe Profile und Profilierungen geht, sondern um Partnerschaft und würdiges, gleichberechtigtes Nebeneinander. Um, so nennt es Jörg Zink, eine Allianz. *Es muss also eine Art Allianz zustande kommen. Und da sie vor allem unter den Religionen zustande kommen muss ... so wird es eine Allianz zwischen uns Christen und allen anderen Religionen der Erde sein. Wir treten also in unser Gespräch mit diesen fremden Religionen ein. Und wir fragen dabei nicht: Wer von uns hat die Wahrheit? Das Gespräch über Wahrheit kann die nächsten hundert Jahre währen. Und wir antworten nicht: Natürlich wir! So hat man immer geantwortet. Sondern: Wie kann es zwischen uns zu einem neuen Vertrauen und zu einem gemeinsamen Handeln kommen? Was sind denn die aktuellen Fragen, die uns gemeinsam beschäftigen, so wie die Dinge in unserem eigenen Land liegen? Wenn wir aber die Gespräche, die unsere Zeit uns nahe legt, immer den Oberen in unseren Staaten und Kirchen überlassen, wird nicht viel dabei herauskommen. Nein, wir Christen an der Basis müssen solche Gespräche in eigener Initiative mit Menschen an der Basis anderer Religionen und Völker führen. Wer sich vom Geist Gottes treiben lässt, sagt Paulus, der ist eine Tochter, ein Sohn Gottes und hat die Vollmacht, frei aufzutreten.*[122]

Wenn es die Rolle der Christen in der Welt sein kann, auch die anderen Religionen dazu anzustiften und gemeinsam für Frieden, Gerechtigkeit und Bewahrung der Schöpfung einzutreten, kann das Vorhaben, so Jörg Zink weiter, allerdings nur gelingen, wenn uns eines klar wird: Wir Christen haben nicht die Rezepte. Vielmehr müssen wir bei den anderen in die Schule gehen. *Wir Christen sind in den genannten drei Themen blutige Anfänger. Die Wissenden sind die anderen. Neben der Glaubwürdigkeitslücke klafft eine breite Lücke an Wissen und Erfahrung. Was wissen denn wir Christen noch über die Weisheit der Gewaltlosigkeit? Der Einzige, der sie uns angeraten hat, Jesus Christus, blieb in sechzehnhundert Jahren fast ungehört.*[123] *Hängen uns nicht die eisernen Helme unserer Geschichte über die theologischen Augen herein? Kein Zweifel, der Buddhismus weiß seit Jahrtausenden mehr davon, als wir Christen je gewusst haben. Der Taoismus auch. Der Hinduismus. Es ist gut, wenn wir bei ihnen allen in die Schule gehen. Wer weiß auf dieser Erde besser als wir, wie man sorgfältig mit dem Lebendigen umgeht? Wer weiß mehr von der Würde von Tieren? Mehr von der Achtsamkeit mit Ressourcen? Ich ver-*

mute, viele Völker aus den Wüsten Asiens oder den Savannen Afrikas und mancher indianische Stamm im Wilden Westen Amerikas wissen mehr darüber als alle christlichen Völker zusammen. Es ist gut, wenn wir uns mit ihnen allen gemeinsam erst auf die Höhe eines vorläufigen Wissens begeben. Und wenn wir das nicht wollen und etwa nicht mit allen anderen Völkern und Religionen uns zusammensetzen und nachdenken über das, was in der Welt von morgen als Gerechtigkeit gelten solle, so werden wir vergeblich von globaler Gerechtigkeit reden.[124]

Lebe die Wahrheit deines eigenen Glaubens so, dass sie verstanden werden kann, und vor allem so, dass es anderen möglich wird, sie zu ehren. Vielleicht gar, sie zu lieben.[125]

Jörg Zink fordert also auf, die übliche Denkrichtung auch des progressiv anmutenden Christentums unserer Tage noch einmal zu überprüfen, ja umzukehren. Das Wunder, dass innerhalb der vergangenen 50 Jahre das Christentum weltweit zu den drei genannten Aufgaben für die Zukunft gefunden hat und damit die eigenen Handlungsmuster von Jahrhunderten revidieren will, braucht noch ein zweites Wunder, eine zweite Umkehr. Es braucht das Wunder der Selbsterkenntnis, dass die anderen die Wissenden, wir Westlichen in vieler Hinsicht die Suchenden sind. Absteigen und sich weiten – das gilt auch hier!

III. REDEN. ÖFFENTLICH KIRCHE SEIN – ES GIBT NUR EINE WELT

Kirche jenseits der Kirchenmauern. Glaubwürdigkeit suchen

Anfänger sein zu dürfen – das hat Jörg Zink ein Leben lang begleitet. Sehr viel hat er angefangen, angestoßen, ausprobiert, angeregt – und er war mit seinen theologischen Gedanken meist seiner Zeit voraus. Vor allem aber war er ein Pionier in Sachen Kirche und Öffentlichkeit. Wie lässt sich das, was das Christentum zu sagen hat, nicht nur zeitgemäß denken, sondern auch zeitgemäß kommunizieren? Durchs Lichtbild. Als Schallplatte. Mittels Dokumentarfilm. Als Spielfilm. Als Kommentar im Fernsehen. Als Geschenkbuch. Jörg Zink hat alle diese Medien ausprobiert, als sie noch in den Kinderschuhen steckten.

Als Jörg Zink 1961 seine neue Stelle als Fernsehbeauftragter der Württembergischen Landeskirche in Stuttgart antritt, hat er völliges Neuland vor sich. Nicht nur, dass noch niemand genau wusste, wie denn Fernsehmachen geht. Es wusste auch keiner genau, welche Rolle die Kirchen in den damals jungen Medien spielen könnten. Mit seiner neuen Tätigkeit beginnt Jörg Zink damit, für ein breites Publikum zu denken, zu schreiben und zu publizieren. Denn dass der

Glaube nicht in einer Sonderwelt seinen Platz hat, sondern in der Welt gelebt werden will, war ihm schon immer deutlich, und er betont, dass die Kirchen keine überkommenen Sondervorstellungen weitertransportieren können, die nicht mehr kompatibel sind mit dem, was die Naturwissenschaften über Welt, Mensch und Kosmos sagen – wie sollten sie damit glaubwürdig sein? Kirche kann nur öffentlich Kirche sein – für die und in der Welt. Theologie treiben kann nur heißen, sich im Gespräch mit allen anderen Geistes- und den Naturwissenschaften weiterzubewegen und dabei die religiöse Dimension des Lebens mitzubedenken. Es gibt nur eine Welt – und auf die lässt sich von unterschiedlichen Seiten her zugehen. Zugleich gilt es, sich dabei als Christ im Sinne Jesu zu positionieren und dabei mit Widerständen zu rechnen – im Namen der Liebe. Jörg Zink hat es einmal so formuliert: *Trete ich also als Mann der Kirche im öffentlichen Medium auf, so gilt es immer und immer wieder, Verborgenes öffentlich zu machen, soziale Motivation zu bewirken, den Sprachlosen eine Stimme zu sein, die Erniedrigten und Beleidigten öffentlich zu besuchen. Das aber bedeutet, sehr gegen den christlichen Zeitgeschmack, die politische Dimension der öffentlichen Rede voll einzubeziehen und den Weg des Unanstößigen bewusst zu meiden. Denn anders als durch Anstoß setzt sich Liebe nicht öffentlich durch, werden die Gewissen nicht wach, findet die Hoffnung keine Stimme.*[126]

Glaubwürdig ist die politische Rede eines Pfarrers etwa dann, wenn sein Interesse nicht der Erhaltung der Kirche, sondern ihrer Inkarnation unter den Menschen gilt.[127]

Jörg Zink ist dabei wiederum stets seinen eigenen Weg gegangen, er war kein Typ für Gremienarbeit, hat die Vorbereitungsgruppen der Kirchentage gemieden, hat sich durch seine ungewöhnlichen Arbeitsrhythmen oft auch der Zusammenarbeit entzogen und saß lieber an seinem Schreibtisch, an dem er seine Texte handschriftlich niederschrieb, verwarf, neu formulierte, ja förmlich durchknetete. Dass er dabei überaus erfolgreich war, hat ihm so manchen Neid und auch Ärger eingebracht. Es war ihm letztlich einerlei.
Vier Felder bestimmen für mehrere Jahrzehnte Jörg Zinks Arbeit als Pfarrer für die Öffentlichkeit. Zum einen die Arbeit im evangelischen Pressehaus in Stuttgart mit dem Schwerpunkt Film, Bild und dem »Wort zum Sonntag«, zum zweiten die Plattform des Deutschen Evangelischen Kirchentags, zum dritten der Aufbau einer Kinder- und Jugendfarm und zum vierten die zahllosen Publikationen für unterschiedliche Zielgruppen.

Öffentlich reden. Worte für alle finden

1961 gab es nur ein Fernsehprogramm in West-Deutschland, das ZDF nahm erst Mitte des Jahres 1963 den Sendebetrieb auf. Die Fernsehabteilung des Süddeutschen Rundfunks

SDR in Stuttgart bestand Anfang der 1960er Jahre aus einer kleinen Baracke, etwa 30 Mitarbeiter arbeiteten dort. Jörg Zink hat gemeinsam mit einigen Mitstreitern die evangelische Landeskirche von der Einrichtung eines evangelischen Pressehauses in Stuttgart überzeugen können, gebaut wurde es in der Theodor-Heuss-Straße. Von dort aus sollten zentral die kirchlichen Aktivitäten in den verschiedenen Medien koordiniert werden, die Bandbreite reichte von Rundfunk, Fernsehen, Evangelischem Pressedienst, Hilfsmitteln für den Unterricht, Dias, Tonbändern bis zu Schallplatten und Zeitschriften. *Es war fast so etwas wie das »Alles«, von dem ich als Junge geträumt hatte.*[128]

Im Fotoarchiv am Leuchttisch.

Jörg Zink hatte schon ein wenig Erfahrung mit der Medienarbeit, schon ab 1947 hatte er für den Schulfunk erste Rundfunksendungen gesprochen, 1958 seine erste Fernsehsendung moderiert. Nun konnte er zunächst seinen eigenen zukünftigen Arbeitsplatz gestalten und später darin in nahezu völliger Freiheit kreativ arbeiten. Das Stuttgarter Pressehaus bekam ein eigenes Fernsehstudio, auf elastischen Füßen zwölf Meter tief unter die Erde gebaut und damit schalldicht abgeschottet von der restlichen Welt. Auch ein Fotolabor wurde eingerichtet. Jörg Zink gründete eine eigene publizistische Gesellschaft, die Imatel-Film GmbH, unter deren Dach er viele seiner Filme produzierte.

Ich glaube, der kulturelle Beitrag der Kirche, ihr Beitrag zur kulturellen Landschaft, zur zivilisatorischen, ist die Hoffnung, von der sie redet.[129]

Parallel dazu bestand seine Aufgabe darin, das Fernsehprogramm zu verfolgen und auszuwerten, in einem festgelegten Turnus das »Wort zum Sonntag« der ARD zu gestalten – und mit unzähligen Menschen zu korrespondieren. Das meiste waren Reaktionen auf seine Vorabendkommentare, aber viele Leute beschäftigten sich damals auch grundsätzlicher mit der Rolle der Kirche in den öffentlich-rechtlichen Medien und fürchteten Profilverlust durch das Sich-Einlassen auf die neuen Medien. Dazu kamen neben Jörg Zinks aufwendigen Fahrten mit und ohne Filmteam durch den Nahen Osten auch umfangreiche Vortragsreisen. Eine schöne und abwechslungsreiche Zeit, so erinnert sich Jörg Zink heute, mit völlig freier Zeiteinteilung. Keiner bremste seine Energie, seinen Einfallsreichtum und seine Kreativität. Die Medienwelt stand ihm offen.

Das »Wort zum Sonntag« etablierte sich über die Jahre – vielleicht auch gerade in seiner Widerständigkeit zum übrigen Programm. Und in Zeiten, in denen es noch keine Privatsender gab, war, wer dort prägnante Worte zu tages- und wochenaktuellen Ereignissen fand, in aller Munde. Da viele Christen das Fernsehen anfangs eher als Teufelszeug betrachteten, auf das man sich am besten überhaupt nicht einlassen sollte, achtete man beim »Wort zum Sonntag« jahrzehntelang auf eine puritanisch anmutende Konzentration auf den Redner. Nichts sollte ablenken vom Wort, deshalb waren zusätzliche Bildelemente verboten. Als Mitte der 1960er Jahre zu Ostern ein Blumenstrauß die Sendung bereichern sollte, war er gerade mal zwei Sekunden im Bild. Nur mit Mühe konnte Jörg Zink ein anderes Mal die Regie davon überzeugen, einen herzförmigen Feigenkaktus in einem kleinen Topf mit aufs Bild zu bringen – Soldaten hatten es ihm in Sardinien als einen Gruß an die Mütter zu Hause zum bevorstehenden Muttertags-Wort mitgegeben.

Mehr als hundert Mal hat Jörg Zink das »Wort zum Sonntag« verfasst und live gesprochen, und nicht selten waren es sehr heikle und hochpolitische Fragen, die er anging – oder angehen musste. *Ich empfand es bis zuletzt als eine Herausforderung, die mich und im Grunde jeden, der es zu sprechen hat, grund-*

sätzlich überfordert. Unter den Zuschauern sitzen Menschen jeder Art, jeder Einstellung, jeder Bildung oder Nichtbildung, jeder Erfahrung und jedes Schicksals. Sie alle soll ich abholen und zu einem Thema führen, das sie interessiert, und das in weniger als einer Minute, um dann in den restlichen drei Minuten etwas Substantielles, etwas Begreifliches und Hilfreiches zu sagen ...[130] Jedes Wort zum Sonntag, so sagte er einmal, sei eine Woche Arbeit gewesen. Nach der Sendung saß er oft bis Mitternacht im Sender am Telefon und beantwortete Fragen, ließ Beschimpfungen und Bedrohungen über sich ergehen. Die Tage danach bekam er alles noch einmal schriftlich. Mit dem Wort zum Neujahr 1990 verabschiedete er sich von seinem Fernseh-Publikum. Kurz danach hat er Bilanz gezogen: Rund hunderttausend Briefe und Zuschriften in insgesamt 30 Jahren hat er bekommen, jeder Brief wurde beantwortet. Seine eigenen Texte, die er für das »Wort zum Sonntag« verfasst hat, sind in der Berliner Staatsbibliothek archiviert. Da sie stets in eine bestimmte Situation hinein geschrieben waren, ist es schwer, sie heute, im Rückblick, in ihrer Tiefe noch so zu verstehen, wie es die Zuschauer damals konnten. Prägnante Beispiele für eine solche Art des Kommentars hat Jörg Zink selbst einmal zusammengestellt, drei sollen hier abgedruckt werden.

Die ersten beiden sind mitten im so genannten »Deutschen Herbst« 1977 geschrieben, in einer nicht nur außen-, sondern auch innenpolitisch aufgeladenen Zeit. Man erinnere sich: Die »zweite Generation« der RAF-Terroristen versuchte damals vom deutschen Staat die inhaftierten Mitglieder der

»ersten Generation« der RAF freizupressen (Andreas Baader, Gudrun Ensslin, Ulrike Meinhof u.a.). Anfang September wurde der damalige Arbeitgeberpräsident Hanns Martin Schleyer entführt, im Oktober folgte die Entführung der Lufthansa-Maschine »Landshut« mit 87 Passagieren an Bord durch eine palästinensische Terrorgruppe nach Mogadischu. Der damalige Bundeskanzler Helmut Schmidt hatte einen so genannten »großen Krisenstab« einberufen, mit Mitgliedern aus allen Parteien, die de facto bis zum Ende der Krise die Regierung bildeten. Die Bundesregierung stand vor der Frage, soll die »Landshut« in Mogadischu gestürmt werden? Jörg Zink warf den Text, den er eigentlich für das »Wort zum Sonntag« vorbereitet hatte, weg und formulierte kurzfristig einen anderen, unmittelbar, wie er erzählt, aus seiner eigenen Betroffenheit heraus.

Guten Abend, meine verehrten Damen und Herren!
In dieser Nacht werden wohl Entscheidungen fallen, die, wie immer sie lauten mögen, lange, schwere Schatten in die Zukunft werfen. In der Anfangszeit dieses Entführungsfalles fiel im Bundestag das Wort, es komme darauf an, nichts zu versäumen und nichts zu verschulden. Diese Formulierung hat mich seitdem begleitet; denn sie ist gut, sie beschreibt genau die Spannung zwischen Entschlossenheit und Beharrungsvermögen, die uns nottut. Nichts versäumen und nichts verschulden. Das Schreckliche ist, dass es dahin keinen Weg gibt. Niemand kann

so viel tun, dass er nicht noch Entscheidendes versäumte. Und niemand kann so gründlich nachdenken, dass er nicht noch Schweres verschulden könnte. Das ist Menschenschicksal, und niemand ist davon ausgenommen. Niemand. Auch die Verantwortlichen an der Spitze des Staates nicht, die nun seit sechs Wochen ihre furchtbare Verantwortung tragen. Es kann keine Lösung geben, die ohne Rest aufgeht. Sie ist in jedem Fall falsch und richtig zugleich. Was aber soll ein Verantwortlicher tun, der weiß, dass er so oder so mit Versäumnis und Schuld wird leben müssen? Es bringt nichts, zu sagen: Ich habe alles getan, und es war alles richtig. Und es bringt auch nichts, die Schuld am Verhängnis irgendwelchen linken oder rechten Gegnern zuzuschieben. Denn jeder, der hier zu entscheiden hat, steht vor demselben Abgrund.

Es gibt unter Christen einen Weg, Verantwortung dieser Art durchzuhalten. Freilich nur so, dass der Verantwortliche sein schicksalhaftes Teil Schuld nicht verharmlost. Was in solcher Verantwortung über Leben und Tod von Menschen getan wird, entscheidet sich unter Christen zuerst vor Gott und dann erst vor den Menschen. Ein Konflikt dieser Art wird in der Einsamkeit vor Gott durchgestanden und nicht in der Öffentlichkeit. Versäumen und Verschulden werden zuerst vor Gott ausgelitten und dann erst vor Menschen diskutiert. Und das ist nun der Kern des christlichen Glaubens, dass Gott den,

der so vor ihm steht, nicht verurteilt. Dass er ihm heute die Last seines Versagens abnimmt und ihm morgen seine Verantwortung wieder anvertraut.
Wir sprechen von Vergebung der Schuld. Wir meinen keine Schnellreinigung des Gewissens, sondern eine unter Leiden geschehende Befreiung. Und diese Befreiung ist der Anfang für ein Leben in Verantwortung vor Gott und den Menschen. Am Ende wird einer nicht sagen: Es war alles richtig. Sondern vielmehr eher: Das habe ich entschieden. Dazu stehe ich. Gott helfe mir … [131]

Nachdem die GSG 9 die Maschine gestürmt und die Geiseln befreit hatte, begingen die drei RAF-Köpfe Baader, Ensslin und Raspe laut einem offiziellen Gutachten in Stammheim kollektiven Selbstmord, sie wurden am Morgen in ihren Zellen tot aufgefunden. Der Arbeitgeberpräsident Hanns Martin Schleyer wurde von seinen Entführern erschossen. Der deutsche Staat hatte sich nicht von den RAF-Leuten erpressen lassen, aber es hatte Todesopfer gefordert. Wiederum hatte Jörg Zink zu kommentieren und in wenigen Stunden entstand ein weiterer Text für das »Wort zum Sonntag«, der ein immenses Echo auslöste. Nachdem weder Presse noch Politik bislang angemessene Worte auf die Ermordung Schleyers gefunden hatten, war es Jörg Zink gelungen. Man war ihm auf allen Ebenen dankbar dafür.

Öffentlich Theologie treiben.

Meine verehrten Damen und Herren!
In diesen Tagen ist etwas geschehen, das wir bisher für undenkbar gehalten hätten. Zum ersten Mal hat unser Staat von einem einzelnen, bestimmten Bürger das Opfer seines Lebens gefordert, indem er es bewusst und sehenden Auges riskiert hat. Ich denke, es ist an der Zeit, zwei Fragen zu stellen: Woher hat ein Staat dieses Recht? Und: Was fangen wir mit einem solchen Opfer an? Passt es eigentlich zu unseren gewohnten Vorstellungen?
Unter Christen hat so etwas seinen Zusammenhang. Dem christlichen Glauben ist – freilich auf einer ganz anderen

Ebene – der Gedanke des Opfers durchaus vertraut. Sein Zeichen ist das Kreuz. Er sagt: Hier ist einer gestorben, bewusst und freiwillig. Und auf geheimnisvolle Weise wächst uns aus seinem Tod Leben zu. Freiheit und Gerechtigkeit. Das Opfer ist das Geheimnis des Lebens überhaupt.
Die Christen stehen damit nicht allein. Seit Jahrtausenden gilt in allen Kulturen als Grunderfahrung, dass niemand aus sich selbst lebt, sondern immer von einem Opfer her, das andere für ihn bringen, und dass ohne Hingabe dem Leben kein Sinn abzugewinnen ist. Nur wir seltsamen modernen Menschen haben es vergessen.
Bei uns gilt die kindliche Meinung, die Gemeinschaft habe dem Einzelnen ein gesichertes Leben und immer steigenden Wohlstand zu bescheren, sie dürfe ihm aber nichts abverlangen. So haben wir eine Freiheit, die nichts kostet. Eine Gerechtigkeit, die keinen Verzicht abverlangt. Ein Leben, in dem jeder, so gut es geht, seinem Recht auf Glück und Erfolge nachläuft.
Was wundern wir uns, dass junge Menschen diese Freiheit missachten, diese Gerechtigkeit für Heuchelei halten und das Leben, das wir ihnen anbieten, wegwerfen und dass auch bei vielen Erwachsenen das Leiden unter der Sinnlosigkeit ihres Lebens um sich greift?
Was wundern wir uns, da doch der Sinn dieses Lebens tief verborgen ist unter Leben und Tod, unter Glück und Leiden, unter Gelingen und Verzichten?

Aber wenn auch das Opfer zum Leben gehört, so ist doch kein Opfer selbstverständlich. Mir war unbehaglich, als man unseren Staat lobte, weil er Härte gezeigt habe. Ich meine, wir brauchten gerade nach diesen Erfahrungen nicht so sehr einen harten, als vielmehr einen behutsamen, einen nachdenklichen Staat, dem das Leben des Menschen als kostbarstes Gut gilt, der deshalb verletzlich bleibt und der aus seiner Verletzlichkeit seine Kraft hat. Einen Staat, in dem nur unter dem Druck äußerster Gefahr viele miteinander einmal wagen, was eigentlich niemand tun darf: das Leben eines Menschen fordern.

Für uns aber bleibt die Frage übrig, was wir mit einem solchen Opfer anfangen sollen. Das heißt: Ob der Gedanke der Hingabe in unserem Lebensprogramm einen Platz finden kann. Ob wir bereit sind umzudenken.

Vielleicht könnten wir wieder verstehen, was Jesus meint, wenn er sagt: »Ich bin nicht gekommen, mich bedienen zu lassen, sondern zu dienen und mein Leben hinzugeben zu einer Erlösung für viele.« Oder: »Nur wenn ein Getreidekorn in die Erde fällt und stirbt, bringt es Frucht.«

Wenn aus den Erfahrungen dieser Wochen eine solche Umkehr folgte, für unser einzelnes und für unser gemeinsames Leben, brächten sie, meine ich, ihren Ertrag ...[132]

Zwei Jahre später, zum Buß- und Bettag 1979, hat Jörg Zink beim »Wort zum Sonntag« einen Text gesprochen, der ihm seitens der Politik und des Senders großen Ärger eingebracht hat. Ein Text, der – wie damals Politiker und daraufhin auch Redakteure fanden – nicht geeignet für die Haltung eines Pfarrers gewesen sei, weil er angeblich zu sehr Position bezöge. Es war ein Text, der sich mit der Umweltzerstörung beschäftigte, gesprochen zur ersten Blütezeit der Öko-Bewegung, in der die Grünen eben im Begriff waren, sich zu gründen.

Im Grunde weiß jeder, dass es so nicht weitergeht. Und es geht doch weiter. Jeder weiß, dass unsere Erde endlich ist, dass dem Wachstum der Industrie, dem Verbrauch, der Anhäufung von Abfall Grenzen gesetzt sind. Aber alles redet unbekümmert weiter vom unendlichen Wachstum. Jeder wartet darauf, dass irgendetwas sich ändert, ehe es zu spät ist. Aber es ändert sich nicht viel.
Die Sache hat auch eine scharfe religiöse Spitze, und darum rede ich davon.
Die Christenheit kommt in jeder Generation mindestens einmal an einen Punkt, an dem sie nicht mehr hinnehmen darf, was geschieht. 1934 zum Beispiel, am Anfang der Hitlerherrschaft, erhoben wenigstens einige Leute der Kirche im Bekenntnis von Barmen ihre Stimme gegen den autoritären Staat. Heute geht es um etwas anderes. Wir haben ja ein Glaubensbekenntnis, in dem es

heißt: Ich glaube an Gott, den Schöpfer der Welt. Das heißt auf Deutsch: Ich glaube, dass diese Welt nicht uns Menschen gehört, sondern allen Geschöpfen Gottes gemeinsam. Wir haben sie nicht gemacht. Wir sind an unserem Teil verantwortlich für die Art, wie wir mit ihr umgehen.
Frage: Gilt uns dieser Glaubensartikel noch etwas? Gilt er uns nichts? Wenn er uns nichts mehr gilt, sollten wir ihn vergessen. Wenn er uns etwas gilt, müssen wir reden. ... Für mich als Pfarrer ist dieses Thema auch deshalb aktuell, weil sich die Verwüstung unserer Welt ja auch in der seelischen Landschaft unserer Zeitgenossen spiegelt. In der heimlichen Verzweiflung, in der irrationalen Angst, in der tödlichen Resignation von Millionen. Die zerstörte Landschaft ist ja auch in den Menschen selbst. Auch den eigenen Lebenskräften gegenüber spielt man die Rolle des Konsumenten und naiven Ausbeuters, statt mit ihnen sorgsam umzugehen. Und dann wundert man sich, dass man nicht glücklich wird, obwohl man alles hat. Man wundert sich, dass man keinen Sinn sieht, dass das Leben sich anfühlt wie eine kleine Sinnlosigkeit inmitten der großen Sinnlosigkeit der Welt. Unsere Welt ist immer auch innen in uns, und wenn sie verödet, veröden wir mit.[133]

Sofort nachdem die Sendung gelaufen war, so erzählt es Jörg Zink in den Interviews, die Meinold Krauss im Rahmen der

ZDF-Sendereihe »Zeugen des Jahrhunderts« 1995 mit ihm geführt hat und die als Buch unter dem Titel »Binde deinen Karren an einen Stern« erschienen sind, rief der damalige Ministerpräsident Lothar Späth den Intendanten an, *er werde diesen Pfarrer zur Rechenschaft ziehen wegen politischen Missbrauchs des kirchlichen Fernsehens.*[134] Der Intendant wandte sich an den Landesbischof. Ein Mitglied des Oberkirchenrats zitierte Jörg Zink daraufhin zu sich und ermahnte ihn zur Ausgewogenheit und dazu, derartige Themen der Wirtschaft und Politik zu überlassen. Und der Intendant des SWR gab damals die Weisung an die Redaktionen, dass Jörg Zink zukünftig nicht mehr im Programm vorkommen sollte. Auf das »Wort zum Sonntag«, das ja kein journalistisches Format ist, sondern von den Kirchen selbst verantwortet wird, hatte er allerdings keinen Einfluss. So schmal, so Jörg Zinks trauriges Fazit, *ist eben der Restbestand an von oben gestatteter Redefreiheit in einem Land, das weniger von einer Regierung und viel wirksamer schon von den Chefetagen der Wirtschaft aus regiert wird …*[135]

Das Wort einer Kirche wird nur dann etwas bewegen, wenn es auf solche Meinungen, was denn machbar sei, nicht eingeht, sondern die Ziele weiter steckt, über den Tag und die Schlagzeilen des Tages hinaus. Die Kirche muss auf einen Weg verweisen, der jetzt noch nicht begehbar scheint, damit ein Prozess in Gang kommt, der am Ende auf ebendiesen unbegehbaren Weg führt, der sich danach als begehbar erweisen wird.[136]

Kein Wunder, dass er an dieser Stelle wütend wird. Denn ähnliche Erfahrungen der Unterdrückung der freien Meinungsäußerung hat er wiederholt gemacht. Als Papst Johannes Paul II. nach Deutschland reist, begrüßt ihn Jörg Zink beim »Wort zum Sonntag« als Bruder in Christus und fügt hinzu, er bedaure es, dass sich der Papst als »Heiliger Vater« ansprechen ließe, denn solange *dieser Anspruch bestehe, werde die ökumenische Verschwisterung zwischen Konfessionen eher behindert als gefördert.*[137] Das Spiel, das beim Thema Umweltzerstörung im politischen Bereich in Gang gesetzt wurde, erlebt er nun auch auf kirchlicher Ebene. Es wird versucht, ihn mundtot zu machen, und zwar mit den Mitteln der Macht. Der Vorsitzende der Deutschen Katholischen Bischofskonferenz schreibt an den zuständigen Bischof vor Ort, was er denn gegen diesen evangelischen Pfarrer zu tun gedenke. Jörg Zink muss sich bei Intendant, Rundfunkrat, Fernsehrat und bei den Redaktionen verteidigen. Rückblickend fasst er das Ganze folgendermaßen zusammen: *Die evangelische Kirchenleitung fand das Ganze peinlich – so gradlinig sollte man das Evangelium dann doch wieder nicht auslegen, auch nicht so evangelisch – und goss sanftes Öl auf die brausenden Wogen. Und nach einer Reihe freundlicher Kontakte zwischen den Bischöfen wurde die Sache unter die Vorgänge abgelegt, die nicht hätten geschehen sollen und darum gewiss auch nicht geschehen sind. Ergebnis: Druck aus den oberen Rängen im Funkhaus hinab zur zuständigen Redakteurin, die ihre Rüge abbekam. Summa: Freiheit der Rede in einem freien Land und in einer freien Kirche?*[138]

Neben den Tätigkeiten als Wort-zum-Sonntag-Autor nehmen vor allem die journalistischen Filme viel Zeit in Anspruch. Sie laufen zunächst im Fernsehen, später kommen sie vielfach in der Gemeindearbeit zum Einsatz. Schon die frühen Filme zeigen, wie er die Themen seines Lebens auf unterschiedliche Weise in Wort und Ton umsetzen kann: 1961 tritt er mit der Frage an »Jesus – der gute Hirte?«, 1962 folgen »Der Himmel ist nicht über den Sternen«, »Gang zum Taufstein. Eine Deutung des Sakraments der Taufe«, 1963 »Einladung zu Tisch«, ein Meditationsfilm, in dem Jörg Zink anhand des Bildes von Leonardo da Vinci die Geschichte des letzten Mahles Jesu vergegenwärtigt. Nicht nur grundsatztheologische Fragen beschäftigen ihn, es folgen die Dokumentarfilme »Der Engel der Gerechtigkeit. Ein Bericht über die Michaels-Kirche in Schwäbisch Hall« (1964) oder der Film »Zwanzig Jahre Evangelische Akademie. Am Anfang war das Gespräch« (1965).
Weitere Filme haben meditativen Charakter: »Immer fließen die Ströme ins Meer. Eine Besinnung zum Zweiten Advent« (1965), »Mensch, werde wesentlich. Ein geistliches Gespräch über das Sterben« (1965) oder »Unterwegs auf den Straßen der Welt. Eine Bildmeditation zum Christfest« (1966). Danach probiert er Bibel-Quiz-Sendungen aus, unter dem Titel »Reise nach Jerusalem« entstehen mehrere Teile (sie werden 1967 und vor allem 1968 ausgestrahlt). Dokumentarfilme folgen: »Lila Zeiten – Wohin soll die Reise gehen? Vorbericht zum 14. Evangelischen Kirchentag in Stuttgart« (1969), »Der

ersetzte Ersatz. Dem Frieden dienen ohne Waffen« (1970), »Das mühsame Leben des Georg Wandel. Ein Dokumentarspiel über die Entwicklung eines Kindes zum Fürsorgezögling« (1973). 1974 erscheinen die ersten Reisefilme »Das Land, aus dem Jesus kam« (zwei Teile), 1976 werden vom SWR unter dem Titel »Europa kommt aus dem Osten« sechs große Dokumentarfolgen über die Länder der Bibel ausgestrahlt (»Das Land zwischen den Strömen«, »Im Reich der Pharaonen«, »Schmelztiegel Syrien«, »Kreta – Brücke im Mittelmeer«, »Issos und Persepolis – der Weg Alexanders des

Am Neckar: Dreharbeiten zu dem Film »Immer fließen die Ströme ins Meer«.

Großen«, »Zentren der ersten Christenheit«), später erscheinen noch weitere Folgen. Die Drehbedingungen waren oft nicht einfach, »Guides« der Regierungen sollten die Aufnahmen überwachen (in Ägypten oder Syrien), verstanden aber zum Glück kein Schwäbisch. Zur Ein- und Ausreise waren zwei verschiedene Reisepässe notwendig, damit die jeweils andere Konfliktpartei – arabische Staaten und Israel – das Team überhaupt durchließ. Dazu waren die Foto- und Filmapparate schwer und unhandlich – Jörg Zink hatte zumindest bei späteren Reisen verschiedene Kameras dabei, mehrere Rolleiflex (Mittelformat) und eine Panoramakamera für Landschaftsaufnahmen –, und nichts davon durfte verloren gehen!

Einmal beriet und begleitete Jörg Zink auch Roberto Rosselini, den neorealistischen international bedeutsamen Filmemacher, bei dessen Aufnahmen für den Spielfilm »Die Geschichte der Apostel« (1968) er für die Verwendung in Kirchengemeinden dazu ein eigenes Vorwort verfasste. Über Qumran drehte er den Spielfilm »Die Söhne des Lichts«. Jörg Zink erinnert sich: *Eines Tages, es war 1973, nahm ich mir vor, unten am Toten Meer einen Spielfilm zu drehen über die Mönchsgemeinschaft der Essener. Dazu brauchte ich einige gute Schauspieler. Ich ging also in Tel Aviv in das israelische Nationaltheater und begegnete dort zunächst eisiger Zurückhaltung. Aber nach einem langen Gespräch über den Sinn gerade solchen gemeinsamen Gestaltens an der Geschichte Israels fand sich für jede Rolle eine ausgezeichnete Lösung. Aviva*

Marks, die schmale, liebenswerte junge Frau war dabei, vor allem aber in der Hauptrolle Israel Becker, der aus Weißrussland stammende vitale, urige Mann, der übrigens auch ein genialer Maler ist. Außer einem gelungenen Film, den wir bei Temperaturen von bis zu 53 Grad drehten (meine Frau stand, ein nasses Handtuch um den Kopf, neben dem Kameramann und hielt einen Regenschirm über die Kamera, damit die Filme nicht verschmorten), war die Freundschaft mit Israel Becker der wichtigste Ertrag dieser Begegnungen. Wir saßen damals miteinander im Wadi oben in den Bergen, wo die Essener ihren Stausee angelegt hatten und wo die Höhlen sind, in denen man … ihre Schriften fand, lasen miteinander aus den Hymnen, die man in ihren Schriften gefunden hat, und ließen uns von der Sprache und den Sprachbildern dieser untergegangenen Mönchsgemeinschaft verzaubern.[139]

Eine andere Kirche suchen. Feiern auf dem Evangelischen Kirchentag

Der Deutsche Evangelische Kirchentag geht auf Reinold von Thadden zurück. Er war während der Zeit des Nationalsozialismus Mitglied der Bekennenden Kirche, seine Schwester Elisabeth ist als Widerstandskämpferin von den Nationalsozialisten hingerichtet worden. Reinold von Thadden sah mit Schrecken, dass in der evangelischen Kirchenlandschaft nach dem Ende des Zweiten Weltkriegs strukturell alles beim Alten blieb und sich wieder ins Kleinklein der althergebrachten Landeskirchen einzuigeln drohte. Und das, obwohl nach dem jetzt immer deutlicher vor Augen stehenden Versagen der evangelischen Christen in Deutschland während des Dritten Reichs ein neuer Aufbruch, ein wirklicher Neuanfang Not täte! Er suchte daher Verbündete für eine Form der erneuerten, von Laien getragenen Kirche, mitten in der Gesellschaft, auf Dialog aus, ohne oben und unten, auf der Suche nach neuen Formen der Spiritualität. 1949 wurde zum ersten Evangelischen Kirchentag (unter dem Namen »Evangelische Woche«) nach Hannover geladen. Die Idee kam an. Gerade in den Zeiten eines zerteilten Nachkriegsdeutschland war der Kirchentag zudem eine (vielleicht die bedeutendste) Plattform, sich trotz der Teilung in Ost und West als eine zusammengehörige Gesellschaft zu verstehen und zu präsentieren. Bald kamen mehrere Hunderttausend zu den Kirchentagen Essen, Berlin, Stuttgart, Hamburg oder Leipzig. Auch Jörg Zink ist dabei, zum ersten Mal beim 4. Deutschen Evangelischen Kirchentag 1952 in Stuttgart, Motto »Wählt das Leben«.

Seither entwickelte sich über die Jahrzehnte der Kirchentag zu einem Forum, dessen Impulskraft in jede Richtung nicht zu unterschätzen ist. Zum einen trafen und treffen sich bis heute Spitzenpolitiker mit Tausenden von politisch denkenden Menschen, außerhalb ihrer Parteien und sonst üblichen Tagesordnungen. Vieles, was später Einzug in die Realpolitik gehalten hat, wurde am Kirchentag ausprobiert, wurde dort in die Runde geworfen, diskutiert, unterstützt oder mit großem

Hallo in die Wüste geschickt. Das wohl Entscheidende dabei: Auf Kirchentagen dürfen auch Politiker Menschen sein, die laut denken und Dinge auf Probe formulieren. Auf Kirchentagen konnten sich sogar Spitzenpolitiker aus der DDR und der BRD begegnen, die Ost-West-Politik Willy Brandts wäre ohne die Erprobung auf Kirchentagen kaum denkbar, die Diskussionen um Atomkraft und Abrüstung, Umweltzerstörung und Dritte Welt haben weithin auf Kirchentagen eine auch seitens der Politik geachtete Plattform gefunden.

»Der Kirchentag ist das Beste, was die Kirche den Menschen heute zu bieten hat.«

Die Verzahnung und Begegnung von Politik und Glaube ist einer der großen Schwerpunkte der Kirchentage von Anfang an, gelegentlich waren sogar Politiker die Präsidenten des Kirchentags, unter anderem Richard von Weizsäcker, Erhard Eppler oder Katrin Göring-Eckardt. Der Kirchentag wirkt aber umgekehrt auch als eigenständige Kraft in die kirchliche Arbeit vor Ort hinein. Unzählige neue Lieder fanden und finden vom Kirchentag aus ihren Weg ins Herz und ins Gesangbuch. Namen wie Fritz Baltruweit, Paul Bischoff, Siegfried Fietz, Dieter Trautwein, Clemens Bittlinger und viele andere sind zu nennen. Neue liturgische Formen wurden auf Kirchentagen erfunden, ausprobiert, weiterentwickelt und in die Gemeindegottesdienste hineingebracht. Die Namen Dorothee Sölle und Fulbert Steffensky stehen für die Entwicklung des »Politischen Nachtgebets«, Henning Schröer und andere gaben Impulse für eine neue Abendmahls- und Feierabendmahlskultur, Ökumene und interreligiöse Begegnung wurde und wird auf Kirchentagen gelebt. Und nicht zuletzt ist die Kirchentagsbewegung bis heute eine junge Bewegung geblieben, die allein schon dadurch immer wieder auf Erneuerung und Überprüfung des Althergebrachten dringt. Kirchenleitung und Bischöfe jedenfalls sind, anders übrigens als beim Katholikentag, stets nur Gäste.

»Der Kirchentag ist das Beste, was die Kirche den Menschen heute zu bieten hat.« Das war und ist Jörg Zinks Einstellung dazu. »Er ist das große Spiel- und Experimentierfeld der Kirche, das ich voll bejaht habe. Dort ist das Wort völlig frei. Dort darf jeder genau das sagen, was er denkt.« Als die Kirchentagsbewegung nach großen Konflikten und Flügelkämpfen zwischen liberal und konservativ eingestellten Besuchern 1969 in Stuttgart sich in den Folgejahren neu ordnen wollte, fand Jörg Zink vor allem im ab 1973 mit neuem Elan startenden Kirchentagsprogramm seine Aufgabe. Die »Bibelarbeit«. Eineinhalb Stunden Nachdenken über einen biblischen Text, in der Frühe, bevor die thematischen Veranstaltungen und Foren beginnen. Heute sagt er: »Ich wollte, dass der Kirchentag sich dort am deutlichsten ausspricht, wo es um die Bibel geht. Dass er diese Basis nie verliert. Denn das ist die Gefahr von jeder Art von Laienbewegung, dass die Bibel dabei weniger wichtig wird. Weil sie zu schwierig ist.« Er ist ein Meister dieser Form geworden, und bis zu seinem letzten Auftritt 2011, per Videoleinwand in eine Messehalle nach Dresden übertragen, hat er an jedem Kirchentagsmorgen aufs Neue mehrere tausend Menschen als Zuhörerinnen und Zuhörer gefunden.

Der Kirchentag ist eine evangelische Gegenkraft gegen eine nur verwaltete, nur bewahrende Kirche. Er ist ein Forum, auf dem ohne Verpflichtung auf das Gewesene und Gewordene frei über die Stunde nachgedacht wird, in der die Kirche steht. Nachgedacht über den Zustand der Gesellschaft, in der sie lebt. Über den Zustand der Menschheit. Eine organisierte Kirche braucht manchmal lange Wege, bis eine Veränderung in der Gesellschaft zu ihr durchdringt. Und das sollten wir ihr nicht übelnehmen. Aber wir sollten unsere Aufgabe darin sehen, uns umzusehen, die Lage zu erkennen, in der wir uns befinden, und in die Zukunft zu blicken mit der Frage, was wir denn künftig anders zu machen hätten.

Als 1969 der Kirchentag in Stuttgart das Motto »Hunger nach Gerechtigkeit« zum ersten Mal auf die Bühne brachte, da sekundierten die Jüngeren »Durst nach Revolution«, und die ganz wichtige Erneuerungsbewegung der sechziger Jahre griff damit auf die Kirche über.

1971 auf dem ökumenischen Pfingsttreffen in Augsburg ertönte der Ruf: Nehmt einander an, ihr Konfessionen! Mit euren Machtansprüchen und eurem Eigensinn.

1973 ging es um das Thema: »Die Konfessionen sind nicht ein Ausdruck, sondern ein Hindernis für den Glauben.«

1981 in Hamburg geschah auf dem Kirchentag der Aufbruch der Friedensbewegung, der ersten starken innerkirchlichen pazifistischen Kraft. »Die Zeit ist da«, sagte man, »für ein Nein ohne jedes Ja zu Massenvernichtungswaffen.« Dort wurde auch, noch gegen alle öffentliche Meinung, unüberhörbar über den Schutz der Schöpfung geredet.

1985 in Düsseldorf wurden diese Themen gebündelt zu der Forderung nach Frieden, nach Gerechtigkeit und nach Schutz der Schöpfung, und ein konziliarer Prozess eingeläutet zur Kundgabe dieser drei neuen Aufgaben.

In den neunziger Jahren kam danach das Thema der praktischen Frömmigkeit unter dem Stichwort Spiritualität auf. ...
Alle diese Themen hatten eines gemeinsam: Sie waren alle außerhalb dessen, was man in der Kirche gewöhnt war. Sie forderten von der Kirche eine Veränderung ihres Denkens und ihrer Planung. So ist es auch mit dem Thema, das uns am Beginn dieses Jahrhunderts begegnet: dem Umgang mit den Religionen der Welt, den Religionen, die sowohl irgendwo auf dieser Erde zu Hause sind als auch im Haus und Garten unserer Nachbarschaft im eigenen Land lebendig.[140]

1981, beim Kirchentag in Hamburg, trifft Jörg Zink zum ersten Mal mit dem Flötisten und Komponisten Hans-Jürgen Hufeisen zusammen, gemeinsam gestalten sie mitten im Sommer eine Bibelauslegung zu einem Weihnachtstext vor 15 000 Zuhörern. Bis 2007 werden die beiden künftig beim Kirchentag zusammen auftreten, bei den Bibelarbeiten, bei Feierabendmahlen und verschiedenen großen musikalischen Abendveranstaltungen. Manche der liturgisch-poetisch-musikalischen Bühnenwerke werden später noch bei anderer Gelegenheit wiederaufgeführt, in Stuttgart oder in Maulbronn. (1987 in Frankfurt wurde in der Alten Oper das Werk »Die vier Elemente« aufgeführt, 1993 in München im Olympiastadion »Die Schöpfung« gemeinsam mit dem Nachrichtensprecher Hanns-Joachim Friedrichs, 1995 in Hamburg hieß die Abendveranstaltung »Der Abendstern und die zehn Gebote«, 2001 in Frankfurt nach dem Buch »Unter dem großen Bogen« ging es um Texte aus verschiedenen Weltreligionen unter dem Titel »Gold, Weihrauch und Flöte«, 2003 beim Ersten Ökumenischen Kirchentag in Berlin gestalteten Hufeisen und Zink einen Abend in der Deutschlandhalle unter dem Motto »Fünf Kulturen und fünf Flötenspieler«, 2005 in Hannover traten sie gemeinsam mit dem irischen Philosophen und Poeten John O'Donohue auf, der aus seinem Buch der keltischen Weisheit »Anam Cara« las.)

Auch darüber hinaus entwickelt sich eine zeitweise enge Zusammenarbeit zwischen Jörg Zink und Hans-Jürgen Hufeisen. 1995 und 1996 gestalten die beiden liturgische Tage in den Klöstern Maulbronn und Alpirsbach. Themen sind »Das Abendmahl – das Gasthaus Gottes«, »Das Schöpfungswunder« und das »Hohelied«. Dabei arrangieren sie auch einmal ein großes Festmahl, bei dem über das ganze Klostergelände in Maulbronn verteilt Tische aufgebaut sind, an denen Laien das Abendmahl austeilen. 1985 bekommen beide anlässlich des Gedenkjahrs an Bach und Händel in Stuttgart den Auftrag, die vier Elemente in Wort und Klang umzusetzen, die Aufführung mit Hunderten von verschiedenartigen Gongs, Gesang und Flöte findet im Herbst 1985 in der Stuttgarter Leonhardskirche statt. Fünf Jahre später, 1990, regt Hans-Jürgen Hufeisen an, ein gemeinsames Buch zu gestalten, mit neuen Liedern und ganz neuen Vorschlägen für eine freie spirituelle Feier, verwurzelt in den Festzeiten des Kirchenjahres. Zwei Jahre lang arbeiten die beiden daran, die von Jörg Zink geschaffenen Liedtexte werden im Wohnzimmer in Möhringen von Hans-Jürgen Hufeisen mit Melodien versehen, sogar die meditativen Rhythmen sollen mitbedacht werden und werden von den beiden dort abgeschritten. 1992 erscheinen Buch und CD »Wie wir feiern können« mit vielen Liedern. 1993 entwickeln die beiden ein großes Schöpfungs-Tanztheater, parallel dazu kommen Buch und CD »Feier der Schöpfung – Vier Liturgien für die Erde« auf den Markt, später folgen die Bücher »Der Singvogel« (1997), »Kraft des Segens« (2004) und »Einfach feiern« (2007).

Text: Jörg Zink, Musik: Hans-Jürgen Hufeisen,
© dolce musica edizione, Zürich.

Auch das freie Feiern kann man auf Kirchentagen lernen. Diese sind, bei aller gewünschten und wichtigen thematischen Auseinandersetzung mit Glaube, Kultur, Politik, Wirtschaft und Wissenschaft, große Feste, bei denen oftmals die fröhliche Feierstimmung mit in die Gastgeberstadt schwappt. Das Bild von den mit Kirchentagsschals gekennzeichneten Besuchern, die in der U-Bahn singen, ist jedem präsent. Jörg Zink hat es mit Freunden (mit Uwe Seidel, dem Vater der Liturgischen Nächte, oder mit Georg Kugler) verstanden, auf Kirchen- und auch Katholikentagen Fest- und Feierabendmahle zu begehen, die für viele wegweisend waren. Er erinnert sich, dass in einer Halle mit 15 000 Menschen nach den Einsetzungsworten alle gemeinsam eine halbe Stunde ekstatisch und selbstvergessen tanzten, bis sie einander Brotwürfel und Weintrauben austeilten.

Wenn ich beschreiben soll, was nach meiner Auffassung die Kirche in ihrer besten Gestalt sei, dann sage ich: Sie ist ein Wirtshaus, das am Weg steht, offen für jeden, der von der Straße hereinkommt, ein Haus, das für jeden, der durch die Tür tritt, einen Platz hat, Bank und Tisch und für jeden irgendetwas zu essen und zu trinken. Ein Wirtshaus, in dem es weder Kontrolleure gibt noch Rausschmeißer oder Geschäftsschlusszeiten. Das zumindest sollten wir von unserem Urgleichnis, dem Gastmahl Jesu, gelernt haben, und etwas anderes sollten wir uns von vornherein nicht vorstellen. Die offene Tür und das gemeinsame Essen, das Reden miteinander, das Zuhören und das Antworten, das Zurechthelfen, das Mutmachen für den weiteren Weg sind die Merkmale einer Kirche, die tut, was Jesus tat. Und es sind die Merkmale jedes einzelnen Christen, der nun das Amt übernimmt, einzuladen, ohne Grenzen und ohne Bedingungen, so, dass die Gestalt des einladenden Jesus sich an ihm abbildet.[141]

Ein eindrücklicher ökumenischer Abendmahls-Gottesdienst fand auf dem Münchner Katholikentag statt. Dort haben Jörg Zink und Hans Küng in einer Messehalle eine gemeinsame Eucharistiefeier zelebriert. Der damalige Münchner Erzbischof Friedrich Wetter hatte versucht, die Aktion zu verbieten, und Hans Küng weitergehende kirchenrechtliche Strafen angedroht. Zink und Küng haben nach gutem Überlegen dem Erzbischof mitgeteilt, dass er nicht Hausherr in einer Messehalle sei. Und die gemeinsame Eucharistiefeier fand statt, vor neuntausend Leuten, mit einer zum Teil freien Liturgie. Während des Kanons der Messfeier dann schwieg Jörg Zink demonstrativ. »Anschließend«, erinnert er sich, »nachdem die Sache abgelaufen war, kamen sie dann zu mir und sagten: Das war ein Verbrechen, das Sie begangen haben!« Darüber kann er nur lachen, und das tut er dann auch wirklich.

Jörg Zink hätte auch gerne an einem weltweiten Konzil des Friedens mitgewirkt – ausgehend von einem Aufruf des

Friedensforschers Carl Friedrich von Weizsäcker, der beim Evangelischen Kirchentag in Düsseldorf verlesen und von dort aus in die Gemeinden und die kirchennahe Presse weitergegeben wurde:

> *Wir bitten die Kirchen der Welt, ein Konzil des Friedens zu berufen. Der Friede ist heute Bedingung des Überlebens der Menschheit. Er ist nicht gesichert. Auf einem ökumenischen Konzil, das um des Friedens willen berufen wird, müssen die christlichen Kirchen in gemeinsamer Verantwortung ein Wort sagen, das die Menschheit nicht überhören kann.*[142]

Ein solches Konzil blieb allerdings bislang eine uneingelöste Forderung. Die kirchlichen Strukturen geben es bis heute nicht her.

Gefühl fürs Leben lernen. Die Kinder- und Jugendfarm Haldenwiese

Jörg Zink hat in seinem Leben Vieles seiner Arbeit und seines Nachdenkens dokumentiert und reflektiert – eines kam in der Reflexion zu kurz, was er im Rückblick bedauert: den Aufbau der Kinder- und Jugendfarm Haldenwiese zwischen Möhringen, Vaihingen und Kaltental, unweit seines Wohnhauses, oberhalb von Stuttgart. Ein Ort, an dem Kinder Bodenhaftung gewinnen können, Kontakt mit der Erde bekommen, mit Pflanzen und Tieren und damit auch mit ihrer eigenen Lebenskraft. »Die Kinder heute tun mir leid«, so hat er es immer wieder gesagt. »Sie haben zu Hause Teppiche oder Holz oder Beton unter den Füßen, aber keinen Kontakt zur Natur mehr.«

In den Seelen junger Menschen spiegelt sich die Künstlichkeit dieses Daseins. Die Kunststoffwelt. Die Betonwände und die Betonstraßen beherrschen die Szene. Betongesetze. Das Grundleiden, das keine Psychologie heilen wird, ist der Verlust alles Elementaren.[143]

In der Nähe des Wohnhauses der Zinks gab es Schulen für körperlich und geistig behinderte Kinder, die Anfang der 1970er Jahre weder Geld noch Konzepte vorweisen konnten, über das Normalmaß hinaus Therapien wie etwa Reittherapien anzubieten. Das war der Impuls für die Gründung der Jugendfarm Haldenwiese. Ein paar Familien, unter anderem die Zinks, taten sich zusammen, bildeten einen Verein, pachteten ein etwa ein Hektar großes Grundstück und eröffneten 1972 die Jugendfarm. Dort schufteten über Monate viele Väter und Mütter, um einen Reitstall, eine Reithalle und eine Koppel aufzubauen. Nur was keiner erledigen konnte, wurde an Profi-Handwerker abgegeben. Überdies hatten alle Kinder der Stadt, die mitmachen wollten, die Möglichkeit, sich ein eigenes Dorf aus alten Brettern und Balken zusammenzubauen, in völliger Freiheit und Selbstverwaltung, ohne dass Erwachsene sie bevormunden durften. Der Zutritt war für die Eltern sogar verboten.

Von Anfang an wurden viele Tiere angeschafft, die die Kinder wiederum in Eigenverantwortung versorgen mussten, zu den Pferden gesellten sich bald Esel, Zwergziegen, Schafe, Kaninchen, Meerschweinchen, Hühner, Hunde und Katzen. Daneben wurden Beete angelegt, in denen die Kinder im Sommer in ihren eigenen Parzellen säen und ernten durften, was sie wollten. Dazu entstanden nach und nach Werkstätten, eine Töpferei und ein Werkhaus fürs Schreinern,

Ein eigenes Dorf für die Kinder.

Schlossern, Schmieden oder Malen. Vormittags kamen nun gruppenweise die Schüler mit Behinderung, speziell zur Reittherapie und Ähnlichem, nachmittags pflegten Kinder aus der Umgebung die Tiere und den ganzen Platz.

Beim Aufbau der Jugendfarm Haldenwiese.

So verschieden sind Mensch und Tier nicht. Erleiden und Erleben prägen beide, und die seelischen Verwundungen sind durchaus vergleichbar. Je länger ich zugleich mit Kindern und mit ihren Tieren zu tun habe, desto ähnlicher erscheinen sie mir. Die Neurosen haben hier wie dort ähnliche Ursachen, und die Symptome sind nicht entscheidend anders hier und dort. Ein Tier reagiert mit Angst oder mit Krankheit oder mit Widerstand, wie ein Menschenkind reagiert. Es ist mir wichtig, dass Kinder das sehen. Tiere haben ihr Schicksal. Sie tragen an ihrem Leid, ihrer Einsamkeit, ihren Krankheiten wie wir auch. Tiere sind auch *Menschen, sagen wir.*[144]

Es klingt wie ein Märchen. Auf der Haldenwiese entstand aus Träumen ein Kinder- und Jugendzentrum, das noch heute gedeiht, weil dort mittlerweile, 40 Jahre nach der Gründung, ehemalige Kinder der Farm selbst als Pädagogen arbeiten und die Idee weitertragen. Zeitweise waren täglich zweihundert oder dreihundert Kinder auf der Jugendfarm zu finden, zunächst wurden sie einfach von einigen Jugendlichen und Erwachsenen begleitet, nach und nach wurde eine Zivildienststelle eingerichtet, dann wurden Sozialpädagogen und spezielle Therapeuten angestellt. Der Grundgedanke blieb dabei bestehen: Kinder sollen in Eigenverantwortung bauen und bebauen, pflegen und streicheln, versorgen und planen, füreinander und für Tiere da sein. Weil sie im Spiegel der Natur zugleich sich selbst entdecken. Heidi Zink nahm sich, da ihre eigenen Kinder mittlerweile aus dem Gröbsten heraus waren, beinah jeden Nachmittag Zeit, um einige Stunden in einem durch einen Zaun vor den Tieren gesicherten Garten mit Kindern, die immer nur Ärger machten und auf die eine oder andere Weise auffielen, zu gärtnern. Jedes Kind bekam eine eigene kleine Parzelle anvertraut, und Heidi übte mit ihnen das Hegen und Pflegen. Auch Jörg Zink schaute häufig bei der Jugendfarm vorbei, neben seiner ganzen anderen Arbeit. Das Zusammentreffen mit den Kindern und ihre Begeisterung für die Tiere beflügelten ihn und erinnerten ihn zugleich an die Abenteuer seiner eigenen Kindheit auf den Höhen der Schwäbischen Alb.

Das Haldenwiesen-Team machte überraschende Entdeckungen, wie heilsam Tiere auf behinderte oder auch traumatisierte Kinder wirken können – und natürlich auch auf alle anderen. Jörg Zink traute dabei den Selbstheilungskräften der Kinder so viel zu, dass er sich gelegentlich auch gegen die Empfehlungen des Jugendamts stark machte und darum bat, den entsprechenden Kindern und ihren Problemen noch ein paar Monate Zeit zu geben. Vieles ist nicht dokumentiert, eine berührende Geschichte eines verhaltensauffälligen Jungen aber hat Jörg Zink niedergeschrieben – der Junge bekommt ein krankes Pferd zur Pflege und erlebt im Rollentausch, wie er über seine Verhältnisse hinauswachsen kann.

Ich meine, in der überwältigenden Erfahrung eines Kindes, es werde gebraucht, es werde zumal von einem leidenden Wesen gebraucht, geschehe mehr Erlösendes als in hundert therapeutischen Gesprächen. Nach beiden Seiten, meine ich, zum Kind hin und zum Pferd. Es ist eine Art gemeinsamen Aufstehens aus der Resignation.[145]

Beinahe zwanzig Jahre lang, bis 1990, war Jörg Zink im Vorstand des Vereins »Jugendfarm Haldenwiese«, und noch heute ist er immer wieder dort zu Besuch.

Die Zeit des Schreibens. Theologische Entwürfe

Als sich Jörg Zink Anfang der 1980er Jahre als Pfarrer beurlauben lässt, entstehen in dichter Folge Bücher für ganz unterschiedliche Zielgruppen. Zusätzlich zu den Sachbüchern gestaltet er viele Bücher, in denen Bild und Text miteinander zu sprechen beginnen und die stets einen bestimmten Gedanken umkreisen. Sie setzen eine Reihe fort, die vorher »Briefe, für Sie geschrieben« hieß. Die Grundintention ist, für Menschen, die selbst in einer konkreten Situation einem anderen etwas sagen wollen, aber nicht die richtigen Worte finden, Worte und Sätze und Bilder an die Hand zu geben, sei es als Glückwunsch zum Geburtstag, sei es als Segenswunsch, sei es für Sterbenskranke oder Hinterbliebene. Einmal mehr wird daran sichtbar, wie sehr Jörg Zink in Bildern denkt – und auf die Erschließungskraft von Bildern setzt. Mit diesen Bändchen führte er zugleich die Form der Bildmeditation, die er noch in seiner Zeit im Burckhardthaus entwickelt hat, fort. Bis heute sind sie ein Verkaufsschlager, die Gesamtauflage der Reihe liegt bei 4,5 Millionen.

In diesen Jahren intensiviert sich seine Tätigkeit als Buchautor, er selbst bezeichnet sie als die Zeit des Schreibens. Neben diesen kleinen Büchern entstehen die dicken Bücher des theologischen Nach- und Vordenkens, 1988 erscheint der Bildband »Tief ist der Brunnen der Vergangenheit«, der biblische Figuren und Geschichten mit reichem Bildmaterial aus seinen Reisen zu entdecken helfen will, 1992 erscheinen seine Lebenserinnerungen »Sieh nach den Sternen, gib acht auf die

Das Sommerhaus der Zinks.

Gassen«, 1997 sein Grundsatzwerk zur Mystik »Dornen können Rosen tragen«, gefolgt von »Die goldene Schnur« (1999), seinem Jesus-Buch »Funke aus Feuer« (2001), seiner interreligiösen Textsammlung zur Mystik »Unter dem großen Bogen« (2002), seinen Impulsen für den christlichen Glauben »Die Urkraft des Heiligen« (2003) oder seiner Ethik »Ruf in die Freiheit« (2007). Daneben eröffnet sich Jörg Zink ein neues Denk- und Schreibfeld, die Auseinandersetzung mit dem Altwerden und der Veränderung des Glaubens in den letzten Lebensjahren. Dazu entstehen mehrere kleinere Bücher, zum Beispiel »Ich werde gerne alt« (1988), »Ufergedanken« (2007) oder »Die Stille der Zeit« (2012). In wieder anderen Büchern umkreist er die Frage, wie zu Beginn des dritten Jahrtausends die christliche Tradition überprüft und selbstbewusst erneuert werden kann und muss, sei es das Glaubensbekenntnis, sei es die Theologie des Abendmahls. 1995 entsteht das Buch »Neue zehn Gebote«, 1996 »Das christliche Bekenntnis. Ein Vorschlag«, 1997 »Zum Abendmahl sind alle eingeladen. Warum ziehen die Kirchen Grenzen?«.

Unsere Welt braucht Alte, die ohne gleich von Alternativlosigkeit zu sprechen, darüber nachdenken, welche Fehler die heute Aktiven offenbar machen, wenn unsere Welt so aussieht, wie sie es tut.
Ihnen gibt sie die Weisung: Denkt subversiv und innovativ, denkt frei, subjektiv und positiv, solange ihr am Leben seid. Dann seid ihr auf der richtigen Spur. Ver-

liert keine Zeit damit, nach Bundesgenossen zu suchen, richtet euch nach keiner Meinung. Denkt in keiner Gewohnheit.
Nehmt euch die Freiheit, nur solche Gedanken zu verfolgen, bei denen es euch selbst gut geht. Denn nur solche Gedanken bringen auch die Jungen irgendwie weiter.
Ihr alten Frauen und Männer, macht euch klar, wie mächtig ihr seid. Wenn ihr selbstkritisch mit euch umgeht, wird das euren Ruhm nicht im Geringsten schmälern, aber es wird den Jungen um euch her enorm helfen, eure Fehler nicht zu wiederholen.[146]

Jörg Zink hatte nie nur einen Verleger, er wollte sich auch die Freiheit bewahren, mit unterschiedlichen Menschen und für unterschiedliche Zielgruppen zu arbeiten. Anfangs schrieb er für den Hamburger Furche-Verlag. Es folgten der Burckhardthaus-Verlag und ein neu gegründeter Laetare-Verlag. Eine Zeit lang veröffentlichte er vor allem beim Kreuz-Verlag und auch beim Gütersloher Verlagshaus und dem Bertelsmann-Lesering. Auch bei einigen katholischen Verlagen publizierte er (Katholisches Bibelwerk, Herder, Patmos, St. Benno u.a.), schließlich folgte noch der von Martin Schmeisser neu gegründete Eschbach-Verlag. Die enge Verbindung zum Kreuz-Verlag hatte auch damit zu tun, dass die dort arbeitende Hildegunde Wöller (1938–2010) ihm und seiner Arbeit ein angemessenes Gegenüber war. Sie war Theologin und hatte vor ihrer Tätigkeit im Verlag beim SFB-Kirchenfunk gearbeitet, dort hatten die beiden sich auch kennengelernt. Sie begleitete die Entstehung vieler Bücher ab etwa 1970 mit einer sehr genauen und konstruktiven Lektüre der Manuskripte in den verschiedenen Fassungen. Sie war selbst eine Kennerin der feministischen Ansätze in der Theologie, Autorin einiger Bücher und vieler Hörfunksendungen, eine widerständige, kluge und eigenwillige Frau mit Ecken und Kanten, die Jörg Zink Contra geben und ihn anspornen konnte, kurz gesagt: einen Sinn für seine Texte und seine Denkwege hatte.

Ich wünsche dir nicht
ein Leben ohne Entbehrung,
ein Leben ohne Schmerz,
ein Leben ohne Störung.
Was solltest du tun
mit einem solchen Leben?
Ich wünsche dir aber,
dass du bewahrt sein mögest
an Leib und Seele.
Dass dich einer trägt und schützt
und dich durch alles,
was dir geschieht,
deinem Ziel entgegenführt.[147]

Kraft geschöpft hat Jörg Zink während seiner Arbeit am Schreibtisch stets im Garten und in der Schreinerwerkstatt. Immer schon war er handwerklich interessiert, er gestaltete schon als Kind aus Ton Skulpturen, malte jahrzehntelang Aquarelle und schreinerte in seiner Werkstatt im Souterrain, gleich neben dem Arbeitszimmer, für Kinder und Enkel Kindermöbel oder für Hans-Jürgen Hufeisens Flöten einen Holzkoffer mit Einlegearbeiten. In den Jahren des Schreibens erwarb er an der Atlantikküste Frankreichs ein kleines Ferienhaus, in Aquitanien, »Wasserland«, ein paar Kilometer südlich der Gironde-Mündung, gleich hinter den Dünen, und verbrachte über Jahre, gemeinsam mit Heidi, mehrere Monate des Jahres dort, oft sogar über Weihnachten. Die Gegend war bewusst gewählt. Es ist das Land und das Wasser, in denen er im Krieg ein anderer, ein neuer Mensch geworden war.

Mit fünfzehn Jahren gestaltete Jörg Zink für seine Großmutter diese Skulptur zum Geburtstag.

Aus seiner Werkstatt: eine handgeschnitzte Verzierung für ein Kinderbett.

Es gibt nur eine Welt. Wie sich unsere Vorstellungen verändern

Wer nicht in den Kirchenräumen unter lauter Gleichgesinnten, im Dunstkreis der engen Gemeindemitarbeiter seine Arbeitsstätte als Pfarrer hat, für den ist es nicht nur wichtig, Worte zu finden, die nicht nur die Bibelkundigen verstehen. Er merkt auch, wie unabdingbar es ist, dass das, was Glaube genannt wird, nicht nur für eine kirchliche Sonderwelt, sondern immer und überall gelten können muss. Es gibt keine Sonderwelt des Glaubens. Das Bild, das die Brücke sein kann, um die auseinandergefallenen Weltbilder – die wir gewöhnt sind, in die naturwissenschaftlichen und die religiösen zu unterteilen – wieder zueinander zu bringen, ist die Vorstellung vom »Geist«. Dass das dritte Jahrtausend das Jahrtausend des Heiligen Geistes sein könnte, diese Vorstellung jedenfalls würde Jörg Zink sofort unterschreiben. Er hat – gerade mit seinem öffentlichen Auftreten und den politischen Konsequenzen aus seinem Glauben – nie für eine Welt des Glaubens oder der Kirche gearbeitet, sondern schlicht und einfach für die eine Welt und für alle Menschen, die Lust haben, sich auf seine Gedankengänge einzulassen.
Es zählt zu seinen Grundüberzeugungen, dass die Bilder von Gott, die uns überliefert sind, nicht mehr ausreichen, um uns zu zeigen, wer denn Gott sei, was der Glaube sei. Macht nichts, sagt er. Sie sind ja nur Bilder, nicht Gott selbst. Sie sind Deutungen ihrer Zeit, und wenn sie ihre Erschließungs-

kraft verlieren, sollte man sie getrost verabschieden. Damit sie nicht die Wirklichkeit verschließen, weil sie gerade durch ihre Unverständlichkeit oder weil sie nicht mehr treffend erscheinen, abschrecken oder lächerlich werden. *Der Gott, der, wie die Bibel erzählt, die Erde, die Sonne und einige Sterne geschaffen hat, ist zu klein geworden. Die kleine Welt früherer Zeiten war wie ein Haus vorgestellt, dessen Hausherr Gott genannt wurde. Unsere Welt ist inzwischen über alle Vorstellbarkeit ins Unendliche und kaum mehr Ahnbare hinaus explodiert, Gott aber ist uns immer noch der Hausvater unserer kleinen, vertrauten Welt.*[148]

Das ist eine Tatsache, die von den Kirchen und ihren Denkern weitgehend ignoriert wird. Stattdessen arbeitet man sich dort daran ab, die alten Bilder zu retten und zu versuchen, diese immer wieder neu zu plausibilisieren. Um aber glaubwürdig von Gott zu reden, sollte längst integriert werden, welche Veränderungen in den letzten Jahren im Denken, Wissen und Glauben vonstatten gegangen sind.

In Jörg Zinks Arbeitszimmer liegen stets einige astronomische Bände aufgeschlagen, ein paar Bilder von fernen und fernsten Sternen erinnern daran, dass die biblischen Vorstellungen des dreistöckigen Weltgebäudes nicht mehr die unseren sind. Jörg Zink war über Jahrzehnte immer wieder mit den Naturwissenschaften im Gespräch, er hat sich in die Weltdeutungen der Physik, der Psychologie und der Soziologie hineingearbeitet. Denn das erscheint ihm als eine dringliche Aufgabe für uns Heutige: die »Welt« mit »Gott«

wieder zusammendenken zu können. Uns selbst mit Gott wieder zusammenzuschauen. Interessiert haben ihn die Gesetze der Physik schon als Jugendlicher, als er kurz mit dem Gedanken gespielt hatte, Flugzeugkonstrukteur zu werden. Die Erkenntnis, die er über Jahrzehnte gewonnen hat: Physiker sprechen zunehmend eine ganz ähnliche Sprache wie Mystiker.

Wir werden den Christus, in dem Gott auf diese Erde kam, nur noch verstehen, wenn uns der Gott des Himmels auch zu einem Gott der Erde geworden ist.[149]

Wir stehen an einer Zeitenwende, wir erleben einen Paradigmenwechsel – oder eine Paradigmenerweiterung – unseres Weltbilds, sagt Jörg Zink. Einen Wechsel, der sich in den verschiedensten Wissenschaftsbereichen und Denkrichtungen ankündigt, wie immer bei einem Paradigmenwechsel, erst im Bewusstsein Einzelner, doch mit der Perspektive, mit großer Kraft unser Weltbild zu revolutionieren. Auch das Denken von Gott steht vor genau demselben Paradigmenwechsel, ähnlich umwerfend wie das, was das Christentum erfuhr, als es von einer verfolgten jüdischen Sekte zu einer Staatsreligion mutierte und mithilfe der antiken Philosophie sich selbst völlig neu entwarf, ähnlich revolutionär wie das, was in der Reformationszeit mit dem christlichen Denken passierte, als Religion radikal als Sache des Einzelnen und des Gewissens neu formuliert wurde. Um zu verstehen, wohin der Paradigmenwechsel der Theologie führen könnte, muss man zunächst erkennen, welche Grundannahmen, die in den vergangenen 500 Jahren unsere Welt zusammenhielten, gegenwärtig *verabschiedet* werden, auch und gerade in der modernen Physik, die wir für unser naturwissenschaftliches Weltbild verantwortlich gemacht haben (man denke an David Bohm, Hans Peter Dürr, Carl Friedrich von Weizsäcker, Gregory Bateson, Werner Heisenberg u.a.).

Verabschiedet werden gegenwärtig, sagt Jörg Zink, drei Grundgedanken: zunächst der Gedanke von René Descartes, der zwischen Bewusstsein und Welt radikal unterschieden und uns damit zum Beobachter der Wirklichkeit erklärt hat, uns nicht mehr als Teil des Ganzen, sondern als Gegenüber sah. *Diese cartesische Spaltung zwischen dem Menschen und der Natur wirkte sich natürlich auch auf das wissenschaftliche Gottesbild der Neuzeit aus. Gott wurde – ohne faktische Gegenwart im Dasein des Menschen – zum Gott im Abstand. Das heißt: Wie die Natur in den Abstand gerückt wurde, so wurde auch Gott in den Abstand gerückt.*[150] Verabschiedet wird auch der Gedanke Francis Bacons, des Begründers einer methodisch geordneten Naturwissenschaft, der zusätzlich zu der Trennung in Ich und Welt den Gedanken der Herrschaft etabliert hat. Der Mensch ist nach Bacon Herr der Natur, seine Aufgabe ist die Erforschung, ungeachtet aller Folgen. Von ihm ist das Wort überliefert: *Wir müssen die Natur jagen, bis wir sie zur Beute haben. Wir müssen sie auf die Folter spannen, bis sie uns ihre letzten Geheimnisse herausgibt.*[151] Verabschiedet wird schließlich gegenwärtig der Gedanke Isaak Newtons, der im Gefolge von Kopernikus ein geschlossenes, mechanisches Weltbild entworfen hat. Von diesen Grundannahmen trennen sich heute, wenn nicht alle, doch wichtige Denker der Naturwissenschaften, auch wenn es in die Schulbücher noch nicht durchgedrungen ist. *Bisher repräsentierte der Mensch den Geist, die Natur die Materie, und so teilten sich die Wissenschaften in Geistes- und Naturwissenschaften. Das ist vorbei. Heute ist klar, dass der Mensch der Natur eben nicht distanziert gegenübertritt, sondern ein Teil von ihr ist. Was in ihm selbst vorgeht, geht in einem Stück Natur vor. Er beschreibt nicht, was ihm gegenüber ist, er verändert durch seinen Eingriff das Ergebnis seines Forschens. Die Naturwissenschaft ist also ein Teil des Zusammenwirkens zwischen der Natur und uns. Das hat Heisenberg schon 1956 gesagt: »Das naturwissenschaftliche Weltbild hört damit auf, ein eigentlich naturwissenschaftliches zu sein.« Es geschieht also ein Wandel von der Objektanalyse zur Analyse von Wechselbeziehungen. Der Mensch offenbart sich als ein Mitspieler der Natur, der in das Spielgeschehen integriert ist.*[152]

Die Neuzeit war überzeugt, das entscheidende Merkmal des Gesamtuniversums sei die Unterscheidung von Geist und Materie. Die Materie habe keinen Anteil am Geist und der Geist keinen Anteil an der Materie. Das ist vorbei. Für die heutige Physik kann keine Form von Geist gedacht werden, der außerhalb seines Zusammenhangs mit der Materie oder Energie stünde. Es gibt keine geistlose Materie. Bewusstsein und Materie beziehungsweise Energie sind komplementäre Vorstellungen. Sie sind zwei miteinander verwobene Aspekte der Wirklichkeit.[153]

Während man nach dem alten Paradigma die Natur, die Welt, Menschen und Tiere zerlegte, um das Ganze verstehen zu wollen, hat man nach dem neuen Paradigma erkannt, dass das Ganze mehr ist als seine Teile. *Im alten Paradigma glaubte man, die Dynamik des Ganzen lasse sich aus den Teilen verstehen, im neuen lassen sich die Eigenschaften der Teile nicht mehr begreifen, wenn man nicht von der Dynamik des Ganzen ausgeht.*[154] Wer die Welt beschreibt, der kommt nicht mehr damit zurecht, sie als Bauwerk zu rekonstruieren, er muss sie als kommunizierendes Netzwerk beschreiben, nicht mehr in Strukturen, sondern in Prozessen.

Was der Kern des neuen Denkens in Physik oder auch Biologie ist, hat seine Entsprechung auch im religiösen Nachdenken. Zu lange ist die philosophisch-theologische Tradition damit beschäftigt gewesen, dem naturwissenschaftlichen Weltbild der Neuzeit entsprechend Gott und Welt zu trennen. Gott wurde immer weiter hinausgeschoben, in noch unentdeckte Orte. Und als mit zunehmender Erforschung der Welt und des Himmels die Orte ausgingen, wo er zu finden sein könnte, kam der moderne Atheismus auf. An dieser Stelle gilt es umzudenken und zu sagen: Gott ist inwendig in uns, ist in allem, was ist – und ist dennoch mehr als alles, was ist. Das Ganze ist mehr als seine Teile. Warum kann ich Gott nicht zugleich finden in allem, was ist, und zugleich denken als denjenigen, der größer ist als alles, was ist, und mir sozusagen als Person entgegenkommt? *Gott ist also in allen Dingen, und er ist zugleich die Person, die allen Dingen voraus ist, ihnen allen gegenübersteht, auch uns Menschen, die angeredet werden kann und zu uns spricht. Die Physik spricht wie gesagt bei solchen Gegensätzen von Komplementarität, das heißt von einem Gegensatz, der nicht eigentlich nur ein Gegensatz ist, sondern in dem das eine des anderen bedarf, damit beide Gegensätze zusammen das Ganze aussagen.*[155]

Das Christentum hat zwar einen personalen Gott, einen Gott, der sich anreden lässt. Der in Jesus ein Gesicht bekommen hat. Daran gelte es auch festzuhalten, sagt Jörg Zink. Aber kann das alles sein? Wohl nicht, denn wenn alles eins und in Gott ist, dann kann er uns eben nicht nur Gegenüber sein. Mit Staunen und nicht ohne Spott weist Jörg Zink darauf hin, mit welcher Ausgiebigkeit Theologen aller Konfessionen darüber diskutieren, ob das Reich Gottes, von dem Jesus in Gleichnissen spricht, »mitten unter uns« oder »inwendig in uns« zu denken sei, zwischen den Menschen oder doch auch in uns selbst. Wie der Mensch vor allem als Sünder, als weit weg von Gott gedacht wird, der dann erst von Gott gerechtfertigt werden muss, um bestehen zu können. Nein, sagt er, das können wir heute nach allen Regeln der Vernunft nicht mehr gelten lassen, und dies verkürzt darüber hinaus entscheidend das biblische Denken. Es widerspricht dem, was Jesus sagt. Wo soll das Reich Gottes denn zu finden sein, wenn nicht auch *in* uns? Wo soll Gott denn sein, wenn er überall ist, wenn nicht auch *in* uns? Und nicht nur in uns, sondern auch in jedem Tier, in jedem Baum, in jedem Stein?

Wir waren gewöhnt anzunehmen, wir müssten uns mit den Einzelteilen der Welt beschäftigen, um am Ende das Ganze zu verstehen. Inzwischen vermutet man, das Verstehen des Ganzen beginne keineswegs bei den Teilen, vielmehr beginne das Verstehen der Teile bei dem Erfassen des Ganzen. So kann man heute von Physikern hören, jede naturwissenschaftliche Erkenntnis sei im Grunde ein mystischer Vorgang.
Wir waren gewöhnt anzunehmen, Geist sei etwas gänzlich anderes als Materie. Wir ahnen heute, dass Geist immer nur im Zusammenhang mit Materie auftritt, ohne dass wir sagen könnten, was Materie ist. Und dass jedes Stück Materie irgendetwas mit Geist zu tun hat, ohne dass wir sagen könnten, was Geist ist.
Wir waren gewöhnt anzunehmen, in der Natur herrsche eine unverbrüchliche Ordnung, die sich in Gesetzen darstellen lasse. Wir sehen heute, dass die Weiterentwicklung voll neuer Einfälle ist, dass Schöpfung also nichts ist, das einmal geschah, sondern dass die Phantasie, mit der die Schöpfung bis zum heutigen Tag weitergeht, unerschöpflich ist.[156]

Die zu klein gewordenen Gottesbilder, die uns überliefert sind, haben auch immer ein Korrektiv erfahren: in den Bildern, die die mystische Tradition geprägt hat. Die mystische Spiritualität spricht durch die Jahrhunderte hindurch immer davon, dass Gott auch anders als in der Anrede, im Gespräch, in der Beziehung zwischen Ich und Du erfahren werde. *Er sei auch einfach Licht. Er sei Kraft. Er sei Wärme. Er sei Meer. Und sie sprach völlig selbstverständlich davon, Gott sei Quelle. Er sei Wind. Er sei Sturm. Er sei Unendlichkeit. Er sei bedrängende Nähe. Er sei das Umgebende und Durchdringende. Das Unbeschreibliche. Das Unbekannte. Das Begeisternde. Das Verlockende. Das Faszinierende. Und er sei in allen Kräften, in allen Dingen, in allen Geheimnissen der Natur gegenwärtig. Er sei die Urkraft überhaupt.*[157] Wenn Gott der Allgegenwärtige ist, dann ist er selbstverständlich auch in mir. Auch in den Gedanken, mit denen ich ihm entgegenkomme. *Geht uns damit irgendetwas verloren? Ich meine nicht. Gott rückt uns nicht ferner, er wird aber größer, das Bild, das wir uns von ihm machen, wird differenzierter, vielleicht schwieriger, widersprüchlicher, gegensätzlicher.*[158]

Das kann uns Heutige ermutigen, neue Bilder für Gott zu finden. Kann Gott nicht eher auch wie ein Fluidum gedacht werden, das alles durchdringt? Wie eine Energie? Wie ein Kraftfeld? Wie eine Musik? Ein Tanz? Es ist nun das Erstaunliche, was nicht nur manche Theologen wie Jörg Zink, sondern viele Naturwissenschaftler unserer Tage bemerken, dass solche Bilder von Gott vergleichbar werden mit den Bildern, die die

Physik gegenwärtig für das findet, was die Welt zusammenhält. Denn auch dort verändern sich die Versuche, die Welt zu beschreiben, und es wächst zugleich das Bewusstsein der Vorläufigkeit aller experimentell erfahrenen Phänomene. Wir *können heute ahnen, dass es Felder geben könnte, die wir noch lange weder rechnen noch verstehen werden. Das morphische Feld Rupert Sheldrakes. Das Feld des transpersonalen Bewusstseins von Ken Wilber. Das »fünfte Feld« von Ervin Laszlo. Wir können also von Gott auch im Bild von einem Feld sprechen, das alle übrigen Felder prägt und durchdringt. In diesem Feld, so könnten wir sagen, schwingen wir selbst mit. Das Feld »Gott« ist der Raum, in den wir unser Tun einbringen.*[159]

Dies führt auf der einen Seite in die Sprachlosigkeit, ins Unsagbare, in den Gott, der nicht ist, sich beständig entzieht, und den die mystische Überlieferung auch immer mitumkreist hat. Aber es führt zugleich in eine neue Wahrnehmung von allem, was ist. In eine neue Wertschätzung. Jörg Zink denkt sehr stark von Bildern her und lädt ein, die Welt als Bilderbuch Gottes wahrzunehmen: ... *dann ist alles, was ich sehe an Bildern dieser Welt, Spiegel und Gleichnis seiner Gegenwart. Was wahr ist, ist die Wahrheit Gottes. Was lebt, ist das Leben Gottes. Was schön ist, ist seine Schönheit. Was leidet, in dem leidet Gott. Was stirbt, stirbt in ihn zurück. Gott ist das Meer alles dessen, was ist. Auch das Meer in mir selbst, das ich nicht ergründe. Glauben also könnte ich in diesem zweiten Sinn beschreiben als eine Art von »ozeanischem Bewusstsein«.*[160]

Dabei ist immer klar: All das aber sind nur Türöffner, Symbole, Stellvertreter. Jörg Zink hat verschiedentlich darauf hingewiesen, dass die philosophische Tradition zwischen Pantheismus und Pan-en-theismus unterscheidet. *Sagte ich: »Gott ist der Stein«, oder: »Der Stein ist Gott«, so spräche ich »pantheistisch«. Es wäre dann kein Unterschied zwischen dem Ding und Gott. Sage ich aber: Gott ist im Stein, oder: Der Stein ist in Gott, dann drücke ich damit aus, was der Glaubenssatz von der »Allgegenwart« Gottes immer ausgesagt hat. Ich kann dann im Gegensatz zum Pantheismus von einem Pan-en-theismus sprechen. Ich unterscheide zwischen Gott und dem Geschöpf, ohne Gott in einen fernen Abstand zu verbannen. Wer nicht sagen will, Gott sei im Acker oder der Acker sei in Gott, der muss mir erklären, wo denn Gott und wo der Acker sonst seien.* [161]

In dem Maße aber, in dem sich die Bilder und Vorstellungen von Gott mit unseren Erfahrungen und Erkenntnissen ändern, wandeln sich eben auch die Bilder, die wir uns von uns selbst machen. Und umgekehrt. Wenn sich die Bilder vom Wesen des Menschen ändern, hat das auch Einfluss auf das, was wir von Gott denken. Klar ist, dass im zwanzigsten Jahrhundert Psychologie, Medizin und Soziologie den Menschen immer mehr als offenes System denken, verbunden und vernetzt, transpersonal. So wie der Körper im offenen Austausch mit der Welt steht, scheint es auch mit unserer Seele zu sein. Egal, ob man sie in einem kollektiven Unbewussten verankert sieht oder durch Felder verbunden oder sie nur als

Teilmanifestation einer größeren Wirklichkeit betrachtet: *Wir sind im Grunde nichts anderes als ein Geflecht von Durchgangswegen.* [162]

Jörg Zink will auch an dieser Stelle Mut machen, daraus wirklich Konsequenzen zu ziehen. Warum soll nicht jeder und jede ein neues Glaubensbekenntnis formulieren? Eigentlich, so sagt er – und in seinem Buch »Das christliche Bekenntnis. Ein Vorschlag« breitet er diese These aus –, müssten auch die Kirchen sich weltweit auf ein neues, gemeinsames Glaubensbekenntnis einigen, das alte, apostolische kann nicht mehr sein als eine Notlösung, die allerdings eine wichtige Funktion hat, nämlich die heutige Kirche mit ihrer Geschichte und allen Kirchen auf der Welt zu verbinden. Sind darüber hinaus nicht noch andere Glaubensbekenntnisse denkbar? Er probiert verschiedene Formeln aus, erwägt sogar, unterschiedliche Bekenntnisse für unterschiedliche Situationen zu formulieren – ein Bekenntnis für die Taufgemeinde, ein Bekenntnis für schwierige politische Situationen, ein anderes zum Bekenntnis der Schuld und wieder eines zum Danken und Loben.

Was das Bekenntnis des christlichen Glaubens im Zeitalter des Heiligen Geistes betrifft, so hat er für sich einen Text gefunden, den er mitsprechen kann. Der stammt aus der Feder des Schweizer katholischen Priesters und Meditationsmeisters Anton Rotzetter:

Du
Gott im Himmel oben
unbegreiflicher, ferner
Vater,
wir beten dich an.

Du
Gott auf der Erde unten
begreiflicher, naher
Jesus,
wir lieben dich.

Du
Gott in uns
begriffener, begeisternder
Geist,
wir bezeugen dich.

Ich hielte es für einen großen Fortschritt, sagt Jörg Zink, *würden die Kirchen sich für diese Stunde der gemeinsamen Geschichte miteinander darauf einigen, künftig statt des für viele nicht mehr nachzuvollziehenden apostolischen Credos dieses in ihren Gottesdiensten zu sprechen.*[163]
Die Aufgabe ist für die Menschen heute also keine geringe: das personale Gottesbild erweitern in überpersönliche Dimensionen hinein. Die sozialpolitische Energie finden, die

aus der Mystik erwächst. In neue Auseinandersetzung mit den Naturwissenschaften treten, um neu zu beschreiben, was Welt, was Mensch, was Gott sein könne. Heißt: mit einem *neuen Geist* das Leben zu beschreiben und mit diesem allem im Rücken mit Welt und Menschen sorgsamer umzugehen, als es bislang der Fall ist.

IV. ABSCHIEDE. REICH BESCHENKT ALT WERDEN

Jörg Zink hat sein Leben mehrfach wieder geschenkt bekommen. In diesem Bewusstsein macht er sich nach den Erfahrungen der Bewahrung nach dem Zweiten Weltkrieg auf die Spurensuche Gottes. Und diese Erfahrungen begleiten auch sein weiteres Leben, bis heute.

1990 erlitt Jörg Zink mitten in einer Veranstaltung einen Herzanfall, ohne die lebensbedrohliche Lage zu realisieren. Freunde übernahmen den Rest der Veranstaltung, er selbst schleppte sich zunächst ins Nebenzimmer, fuhr dann nach Hause, legte sich ins Bett, dachte aber nicht daran, den Arzt zu rufen. Seine Frau war außer Haus, bei Kindern und Enkelkindern. In der Nacht *träumte ein junges Mädchen, das eine Zeitlang bei uns gewohnt hatte und nun fünfhundert Kilometer von uns entfernt lebte, ich hätte einen Herzinfarkt erlitten, und weil sie mit mir allein im Haus gewesen sei, sei sie völlig ratlos gewesen, was sie tun sollte. Am Morgen rief sie ihre Mutter an, völlig verstört, und erzählte ihr den Traum. Die Mutter setzte sich ins Auto und kam zu mir, sah meinen Zustand und brachte mich in eine Klinik. Der aufnehmende Arzt fand, es sei höchste Zeit gewesen.*[164] Wieder ein geschenktes Leben.

2010, zwanzig Jahre später, Jörg Zink ist gerade bei den Vorbereitungen auf den Ökumenischen Kirchentag in München, wo er, wie immer, mit mehreren Bibelarbeiten im Programmheft steht, trifft ihn ein Hirnschlag. Er muss absagen. Zwei Wochen später folgt ein weiterer Herzinfarkt. Nach vier Stunden Operation in einer Spezialklinik hat er vier Bypässe gelegt bekommen. Als er aufwacht, ist er nicht ganz bei sich, zieht sich Schläuche und Kabel heraus und versucht, aufzustehen. Bluttransfusionen und Wachen an seinem Bett sind nötig. Erst Tage später wird er sich seiner Lage bewusst. In der Klinik feiert er mit Heidi in aller Stille die diamantene Hochzeit, sie darf mit ihm in einem Zimmer wohnen. Und dann – kann er wieder nach Hause. Allerdings merkt er, dass das, worauf er sich sein Leben lang verlassen konnte und was seine Arbeit Tag für Tag begleitet hat, nicht mehr recht will: sein Geist und sein gutes Gedächtnis, seine Formulierungsgabe und seine Analysefähigkeit. Ihm fallen die Worte nicht mehr ein. Er hat kein Interesse mehr. Keine Neugier. Nun *griff plötzlich nach mir, wovon ich zuvor nur durch andere wusste: eine Art von Depression. Wozu war ich jetzt noch zu gebrauchen? Wer hatte jetzt noch etwas von mir? Was brachte mir selbst jetzt noch mein Leben? Hätte ich mich, statt der Operation, vielleicht doch lieber meinem Herzinfarkt überlassen sollen?* [165]

Sieben Monate dauert es, bis Jörg Zink beginnt, sich wieder für etwas zu interessieren. Dann unternimmt er das Wagnis, er fängt wieder an, morgens um vier Uhr aufzustehen, sich an seinen Schreibtisch zu setzen und zu schreiben. Das Wunder geschieht, die Gedanken klaren sich auf, die Sätze kommen wieder. Wieder ein geschenktes Leben. In seinem Buch »Die Stille der Zeit«, im Frühjahr 2012 erschienen, reflektiert

Alter

er das, was er 1988 schon einmal ausführlich behandelt hat – wie man »gerne« alt werden kann. Das Buch ist gerade durch die Erfahrungen des Nicht-mehr-Könnens ein beeindruckendes und Mut machendes Dokument der Selbstreflexion im hohen Alter. »Das Altwerden ist ein Naturvorgang«, sagt er dazu, »den habe ich nicht zu verantworten. Ich bin jetzt neunzig, und dafür kann ich nichts. Es kommt nur darauf an, als *wer* ich alt geworden bin. Ich bin durch mein Leben in einem hohen Tempo gelaufen und mit der Absicht, viel zu bewirken. Und ich werde langsamer. Und sage mir, das, was du wirklich erreicht hast, ist genau gesehen wenig. Aber dazu stehst du. Und jetzt lässt du nur noch mit dir machen. Die spirituelle Aufgabe im Alter ist ganz eindeutig so, dass ich mir selber immer unwichtiger werden muss – und mich vorzubereiten auf den, der mich empfängt.«

Zum Kirchentag 2011 in Dresden fährt Jörg Zink, nach langer Abwägung, nicht. Stattdessen regt die Kirchentagsleitung an, seine Bibelarbeit per Live-Schaltung in eine Halle zu übertragen. Nach der erwarteten Bibelarbeit erzählt er viel von einer Spiritualität eines abschiedlichen Lebens. Auf den Gesichtern der Menschen steht die Rührung, viele haben Tränen in den Augen, als sie ihre Kirchentagstücher schwenken. Eine kleine Geste in die Kamera, beinah unwirsch – Jörg Zink will keine Wehmut verbreiten und keinen Personenkult zelebrieren.

Im Sommer 2011 verliert Jörg Zink den Halt bei einem Besuch der Zisterzienserabtei in Maulbronn. Er stürzt unglücklich, die Diagnose lautet Schenkelhalsbruch, diesmal verliert er nicht seine Geisteskraft, sondern seine Mobilität. *Aber der Unfall,* so schreibt er, *hatte seine Wirkung. ... Eine gründliche Umkehr zu neuen Ansichten, die mich näher heranführen sollten zu neuen Allianzen, einem neuen Empfinden, spontanen statt planenden Bereichen. Und eine neue Vorfreude auf das Sterben, die der Vorfreude auf Weihnachten ähnlich ist. Weniger wollen und darauf vertrauen, dass auch ohne meinen Beitrag an Gottes Reich alles gut so ist, wie es ist.*[166]

Auch von diesem Sturz erholt er sich, über das Jahr 2012 kehren seine Kräfte nach und nach wieder. Er bewegt sich wieder sicher durch sein Haus, seine Archive und Arbeitszimmer. Und er schreibt weiter. Ein Buch über die Gastmähler Jesu entsteht. Denn, so sagt er ganz pragmatisch, wenn die Kirchen durch ihre theologischen Absicherungen langfristig nicht in der Lage sind, sich zum gemeinsamen Abendmahl zu versammeln, muss man sich auf die anderen Mahlfeiern Jesu besinnen, die für sein Leben und seinen Umgang mit den Menschen nicht weniger wichtig waren als das letzte gemeinsame Essen am Vorabend seiner Hinrichtung. Doch ist eben genau das gemeinsame Essen und Trinken so sehr im Zentrum seiner Verkündigung und so sehr im Gedächtnis der Christenheit, dass man es als Symbol des Friedens und Wandels heute in den Kirchen und auch im Dialog mit anderen Religionen nicht aufgeben darf.

Es ist Herbst geworden. Wieder sitzen wir in seinem Arbeitszimmer, im Souterrain in Möhringen, im Blätterwald seines

Denkens, es gibt Kaffee und Tee, dazu Butterbrezeln. Später gehen wir in sein Fotoarchiv unter dem Dach. Er hat nicht sehr viele Fotos von sich selbst und von seinen Tätigkeitsfeldern. Dann schauen wir die alten Fotoalben durch, Zeugen einer nichtdigitalen schwarz-weißen Zeit. Einige haben den Krieg überdauert, Fotos vom Habertshof seiner Eltern, Fliegerbilder, Kriegsaufnahmen, U-Boote, Gesichter von Menschen, die längst nur noch Erinnerungen sind. Vorsichtig löst Jörg Zink einige heraus, um dieses Buch über ein langes Leben und ein reiches Werk ein wenig zu bebildern. Dann ruft uns Heidi Zink zum Mittagessen.

Heidi und Jörg Zink 2009.

Das erste Mal habe ich Jörg Zink anlässlich seines bevorstehenden 80. Geburtstags 2002 nach dem roten Faden in seinem Leben gefragt. Er hat lange überlegt und schließlich geantwortet, dass der rote Faden seines Lebens aus vielerlei Dingen zusammengezwirnt sei: »Zunächst ein persönlicher roter Faden, dass ich mir von meiner Kindheit an vorgenommen habe: Du gehst deinen eigenen Weg! Den lässt du dir von niemandem vorschreiben! Eine andere Linie ist vielleicht die, dass ich persönlich ein Mensch bin, der mehr mit den Augen als mit den Ohren lebt. So, dass Bilder und optische Erfahrungen für mich eine viel größere Rolle gespielt haben als etwa die Musik. Und dass ich, auch was die Sprache angeht, nach der ich gesucht habe, eine Sprache meinte, die in Bildern ergeht, die anschaulich wird, und damit verbunden mit den seelischen Bildern der Menschen, die sie in ihrem seelischen Untergrund mit sich führen. Ein drittes war dies, dass ich ein paar Begegnungen mit Leuten gehabt habe, die mir nahegelegt haben, nichts anderes suchen zu wollen als das Wort, das das Evangelium uns zuspricht.« Fünf Jahre später habe ich ihn wieder gefragt, zum 85. Geburtstag. Seine Antwort 2007 fiel anders aus: »Der rote Faden durch mein Leben war eigentlich der, dass ich an vielen Stellen, wo ich zu tun hatte, Anfänge ausprobieren konnte. Dass ich immer wieder an Stellen kam, an denen noch nichts geläufig war und ich meine Versuche anstellen konnte. Und darüber bin ich sehr glücklich.« Und jetzt, nach dem gemeinsamen Mittagessen, zum 90. Geburtstag frage ich ein drittes Mal. Seine Antwort soll unser Schlusswort sein: »Der rote Faden kann eigentlich nur bestehen in den verschiedenen Weisen, wie ich Gott erkenne. Er kann nur in den verschiedenen Einsichten bestehen, die mir im Lauf meines Lebens meinen Weg zeigten.«

Unser Gott,
der Mächtige,
Ursprung und Vollender
aller Dinge,
segne dich,
gebe dir Gedeihen und Wachstum,
Gelingen deinen Hoffnungen
Frucht deiner Mühe,
und behüte dich
vor allem Argen,
sei dir Schutz in Gefahr und Zuflucht in Angst.
Unser Gott lasse leuchten sein Angesicht über dir,
wie die Sonne über der Erde
Wärme gibt dem Erstarrten
und Freude gibt dem Lebendigen.
Und sei dir gnädig,
wenn du verschlossen bist in Schuld,
er erlöse dich von allem Bösen
und mache dich frei.
Unser Gott erhebe sein Angesicht auf dich,
er sehe dein Leid
und höre deine Stimme,

er heile und tröste dich
und gebe dir Frieden,
das Wohl des Leibes
und das Wohl der Seele,
Liebe und Glück.
Amen.

Jörg Zink und Matthias Morgenroth 2012.

So will es Gott,
der von Ewigkeit zu Ewigkeit bleibt.
So steht es fest nach seinem Willen
für dich.[167]

ANHANG

Wichtige Lebensstationen von Jörg Zink

22.11.1922 – Jörg Zink wird auf dem Habertshof bei Schlüchtern-Elm als Sohn von Maria (geb. Geiger) und Max Zink geboren, getauft ist er eigentlich auf den Namen Georg. Der Habertshof ist ein christlicher Bruderhof, dessen Mitglieder weitgehend ohne eigenen Besitz ein Leben nach dem Vorbild der urchristlichen Gemeinden erproben. Jörg Zink ist der jüngste von drei Brüdern.
1925 – Tod der Mutter Maria, sie stirbt an Auszehrung. Jörg ist bei verschiedenen Verwandten untergebracht, unter anderem einige Monate bei seinen Großeltern mütterlicherseits in Wangen im Allgäu.
1926 – Vater Max heiratet Martha (geb. Mahle) aus einer bekannten Großindustriellenfamilie und holt seine drei Söhne zu seiner neuen Frau nach Stuttgart. Sie hat bereits einen eigenen Sohn. Sechs Wochen nach der Hochzeit stirbt Max Zink an Tuberkulose.
1927 – Jörg zieht mit seiner neuen Familie nach Ulm. Als Kind und Jugendlicher verbringt er ganze Tage und Wochenenden auf der Schwäbischen Alb. Dort macht er prägende Natur- und Bewusstseinserfahrungen.

1940 – Jörg macht Abitur in Ulm. Als er zum Militär eingezogen wird, geht er zur Ausbildung als Bordfunker zunächst nach Kaufbeuren, später nach Budweis in Böhmen.

1940 – Erste Begegnung mit seiner späteren Frau Heidi Daur am Rande einer Tagung des Köngener Bundes.

1942–45 – Einsatz als Bordfunker im 2. Zerstörergeschwader der Luftwaffe. Jörg Zink zieht sich in die Welt der Dichtung zurück und lernt Hunderte von Gedichten auswendig.

1944 – Sein Flugzeug wird über dem Atlantik abgeschossen. Wie durch ein Wunder wird er gerettet.

1945 – Ausbildung zum Piloten für die ersten Düsenflugzeuge. Er gerät in amerikanische Kriegsgefangenschaft. Weihnachten 1945 kann er heimkehren. Er leidet an akuter Tuberkulose. Eine heilkundige Tante hilft ihm, die Krankheit zu überwinden.

1946–50 – Jörg Zink studiert Philosophie und evangelische Theologie in Tübingen. Mit einem seiner Brüder wohnt er in einer kleinen Dachwohnung. Seine Lehrer sind Romano Guardini, Eduard Spranger und Helmut Thielicke.

1950 – Heidi Daur und Jörg Zink heiraten. Sie ziehen ins Pfarrhaus der Schwiegereltern in Stuttgart.

1951 – Vikar in Stuttgart. Geburt des Sohns Christoph, er ist Arzt und lebt heute als Autor medizinischer Wörterbücher in Berlin.

1952–55 – Jörg Zink ist theologischer Lehrer am Tübinger Stift. Daneben schreibt er seine Dissertation.

1953 – Die Tochter Angela wird geboren, sie arbeitet heute am Deutschen Rheumaforschungszentrum und ist Professorin für Epidemiologie an der Charité.

1955 – Jörg Zink promoviert bei Helmut Thielicke in Hamburg zum Thema »Der Kompromiss als ethisches Problem«.

1955–57 – Jörg Zink arbeitet als Gemeindepfarrer in Esslingen am Neckar, zugleich ist er Jugendpfarrer des Esslinger Bezirks.

1957 – Die Tochter Monika wird geboren, sie ist Diplom-Sozialpädagogin und arbeitet heute beim Berliner Arbeitslosenzentrum Evangelischer Kirchenkreise.

1957–61 – Jörg Zink wird Leiter des Burckhardthauses in Gelnhausen und Berlin, der Zentrale der EKD für Mädchenarbeit. Er hat viele Kontakte zur kirchlichen Jugendarbeit in der DDR und ist auch für Flüchtlinge aus der »Ostzone« zuständig. Er beginnt mit der Übersetzung biblischer Texte, weil er feststellt, dass Jugendliche keinen Zugang zur Luthersprache finden.

1961–80 – Fernsehbeauftragter der Württembergischen Landeskirche im Süddeutschen Rundfunk. Seine Arbeitsfelder umfassen Presse, Bild, Ton und Film. In vielen Bereichen ist er Pionier. Das »Wort zum Sonntag« spricht er über hundert Mal. Er dreht Dokumentarfilme, gestaltet Radiosendungen, arbeitet an Spielfilmen mit. Diaserien über den Nahen Osten entstehen. Parallel wird er durch Bücher bekannt, die einen direkten Zugang zur Gestalt Jesu ermöglichen wollen oder elementare Dinge des Glaubens in zeitgemäßer Sprache aufschließen.

1961 – Jörg Zink zieht mit seiner Familie nach Stuttgart.

1962 – Die dritte Tochter Lina Cordula wird geboren, sie ist Diplom-Kulturwissenschaftlerin und arbeitet heute als Künstlerin und Heilpraktikerin für Psychotherapie in der Nähe von Hildesheim.

1965 – Familie Zink bekommt von einem Onkel eine Wiese in Möhringen bei Stuttgart als Bauplatz für ein eigenes Haus. Jörg Zink entwirft es weitgehend selbst.

1969 – Erste Bibelarbeit auf dem Deutschen Evangelischen Kirchentag.

1970–80 – Jörg Zink unternimmt insgesamt 25 Reisen in den Nahen Osten, teilweise mit seiner Frau, als Leiter von Reisegruppen und häufig mit einem Filmteam.

1972 – Jörg Zink gründet mit anderen Familien die Jugendfarm »Haldenwiese« bei Möhringen. Dort leben Kinder mit und ohne Behinderung im Kontakt mit Pferden und anderen Tieren. Die Jugendfarm wird weitgehend in Eigenverantwortung von den Jugendlichen organisiert.

1980 – Jörg Zink engagiert sich öffentlich in der Friedensbewegung. Er ist Gründungsmitglied der Grünen Partei.

1980 – Jörg Zink lässt sich als Pfarrer der Württembergischen Landeskirche beurlauben, um unabhängig wirken zu können. Bis zu seinem Ruhestand lebt er als freier Publizist.

1988 – Drei Enkelkinder werden geboren.

1997 – Geburt des vierten Enkelkinds.

1980 bis heute – Die Zeit des Schreibens. Jörg Zink verfasst viele große theologische Bücher und macht sich darin für eine politische Mystik stark, genauso für ein glaubwürdiges Christentum, eine erfahrbare Spiritualität, einen direkten Zugang zu der Gestalt des Jesus von Nazareth und den interreligiösen Dialog. Daneben entstehen auch viele kleinere Bücher mit spirituellen Gedanken für den täglichen Gebrauch, viele sind auch mit Fotografien des Autors ausgestattet. Daneben bleibt er auf dem Evangelischen Kirchentag bis 2011 präsent.

Bücher in Auswahl

Das biblische Gespräch. Eine Anleitung zur Auslegung biblischer Texte. Gelnhausen 1960.

Womit wir leben können. Das Wichtigste aus der Bibel in der Sprache unserer Zeit. Stuttgart 1963.

Deine Zeit und alle Zeit. Ein Buch für die junge Generation. Stuttgart 1964.

Das neue Testament. Übertragen von Jörg Zink. Stuttgart 1965.

Zwölf Nächte. Ein Buch der Besinnung zur Weihnachtszeit. Stuttgart 1965.

Das alte Testament. Ausgewählt, übertragen und in geschichtlicher Folge angeordnet von Jörg Zink. Stuttgart 1966.

Er wird meine Stimme hören. Psalmen. Stuttgart 1967.

Die Mitte der Nacht ist der Anfang des Tages. Bilder und Gedanken zu der Grenze unseres Lebens. Stuttgart 1968.

Hoffnung für die Erde. Eine Betrachtung zu drei Bildern von Pieter Bruegel dem Älteren. Gelnhausen 1968.

Wie wir beten können. Stuttgart 1970.

Kriegt ein Hund im Himmel Flügel? (mit Heidi Zink), Stein (Nürnberg) 1972.

Erfahrung mit Gott. Einübung in den christlichen Glauben. Stuttgart 1974.

Was wird aus diesem Land? Begegnungen in Israel. Stuttgart 1975.

Lichter und Geheimnisse. Gedanken zur Menschwerdung Gottes. Stuttgart 1976.

Sag mir, wohin. Weg und Ziel des Menschen. Stuttgart 1977.

Licht über den Wassern. Geschichten gegen die Angst. Stuttgart 1978.

Ein paar Schritte an Ihrer Seite (Briefe für Sie geschrieben, Heft 1). Stuttgart 1978.
Auswege ins Freie (Briefe für Sie geschrieben, Heft 5). Stuttgart 1978.
Eine Handvoll Hoffnung. Stuttgart 1979.
Was bleibt, stiften die Liebenden. Stuttgart 1979.
Wie Sonne und Mond einander rufen. Gespräche und Gebete mit Kindern (mit Heidi Zink). Stuttgart 1980
Kostbare Erde. Biblische Reden über unseren Umgang mit der Schöpfung. Stuttgart 1981.
Der Morgen weiß mehr als der Abend. Kinderbibel. Stuttgart 1981.
Gott schauen. Eschbach 1982.
Wenn der Abend kommt. Stuttgart 1982.
Mehr als drei Wünsche. Stuttgart 1982.
Am Ufer der Stille. Stuttgart 1982.
Alles Lebendige singt von Gott. Stuttgart 1982.
Gespräche mit dem dunklen Gott. Das Vaterunser ausgelegt nach Bildern des Stuttgarter Psalters. Eschbach 1983.
Vielleicht ist es noch nicht zu spät. Biblische Reden. Stuttgart 1983.
Wie die schöne Lau das Lachen lernte und was beim Älterwerden sonst noch zu gewinnen ist. Stuttgart 1984.
Geburt im Schnee. Eine Betrachtung zu Weihnachtsbildern von Pieter Bruegel. Eschbach 1984.
Atme die Kraft der Erde. Der Weg des Menschen im Jahreslauf. Eschbach 1984.
Gebete für Kinder (mit Heidi Zink). Stuttgart 1985.
Wie die Farben im Regenbogen. Sieben Bilder vom Reich Gottes. Stuttgart 1986.

Erde, Feuer, Luft und Wasser. Der Gesang der Schöpfung und das Lied des Menschen. Stuttgart 1986.

Dein Geburtstag sei ein Fest. Stuttgart 1987.

Heimkehren. Ein Trostbuch zu den Zeiten des Tages. Eschbach 1987.

Stern über dunklem Land. Psalmen und Gebete der Bibel. Stuttgart 1988.

Tief ist der Brunnen der Vergangenheit. Eine Reise durch die Ursprungsländer der Bibel. Stuttgart 1988.

Unterwegs zur Weisheit. Stuttgart 1989.

Ich werde gerne alt. Stuttgart 1989.

Sieh nach den Sternen – gib acht auf die Gassen. Erinnerungen. Stuttgart 1992.

Was kommt nach dem Leben? Stuttgart 1993.

Vertrauen in der Dunkelheit. Stuttgart 1993.

Vor uns der Tag. Was die Passions- und Ostergeschichte bedeuten. Eschbach 1993.

Aufrecht unter dem Himmel. Wie man beten lernen kann. Stuttgart 1994.

Die sieben Zeichen. Die Wunder im Johannesevangelium als Zeichen zum Heilwerden. Eschbach 1994

Das Evangelium. Hundert Tage mit Jesus. Stuttgart 1995.

Binde deinen Karren an einen Stern. Stuttgart 1995.

Der Singvogel. Das neue Gesangbuch (mit Hans-Jürgen Hufeisen). Stuttgart 1997.

Zum Abendmahl sind alle eingeladen. Warum ziehen die Kirchen Grenzen? Stuttgart 1997.

Dornen können Rosen tragen. Mystik – die Zukunft des Christentums. Stuttgart 1997.

Die Bibel. Neu in Sprache gefasst von Jörg Zink. Stuttgart 1998.

Die goldene Schnur. Anleitung zu einem inneren Weg. Stuttgart 1999.

Jesus. Meister der Spiritualität. Freiburg 2001.

Die eine Kirche, wann endlich? Freiburg 2002.

Die Urkraft des Heiligen. Christlicher Glaube im 21. Jahrhundert. Stuttgart 2003.

Ruf in die Freiheit. Entwurf einer zukunftsfähigen christlichen Ethik. Gütersloh 2007.

Ufergedanken. Gütersloh 2007.

Jesus. Funke aus dem Feuer. Freiburg 2008.

Glauben heißt Vertrauen. Gütersloh 2009.

In dir sein, Gott, ist alles. Freiburg 2009.

Gotteswahrnehmung. Wege religiöser Erfahrung. Gütersloh 2009.

Die Wahrheit macht uns zu Freunden. Wie Christen morgen miteinander leben wollen (mit Anselm Grün). Freiburg 2009.

Die Trostbibel (mit Hildegunde Wöller). Freiburg 2010.

Vom Geist des frühen Christentums. Den Ursprung wissen – das Ziel nicht verfehlen. Freiburg 2011.

Gottesgedanken. Vom inneren Weg eines Christen. Gütersloh 2012.

Die Stille der Zeit. Gedanken zum Älterwerden. Gütersloh 2012.

Das offene Gastmahl. Gütersloh 2013.

Textnachweis

1. Ufergedanken, Gütersloh 2007, S. 50.
2. Sieh nach den Sternen – gib acht auf die Gassen. Erinnerungen, Stuttgart 1992, S. 59.
3. Ebd., S. 68.
4. Ufergedanken, a.a.O., S. 50.
5. Binde deinen Karren an einen Stern. Jörg Zink im Gespräch mit Meinold Krauss, Stuttgart 1995, S. 19.
6. Sieh nach den Sternen – gib acht auf die Gassen. Erinnerungen, a.a.O., S. 70f.
7. Ufergedanken, a.a.O., S. 50.
8. Sieh nach den Sternen – gib acht auf die Gassen. Erinnerungen, a.a.O., S. 71.
9. Ufergedanken, a.a.O., S. 22.
10. Ebd., S. 52.
11. Dornen können Rosen tragen. Mystik – die Zukunft des Christentums, Stuttgart 1997, S. 46.
12. Ebd., S. 70.
13. Ufergedanken, a.a.O., S. 22f.
14. Dornen können Rosen tragen. Mystik – die Zukunft des Christentums, a.a.O., S. 52.
15. Ebd., S. 47.
16. Ebd., S. 54.
17. Die Stille der Zeit. Gedanken zum Älterwerden, Gütersloh 2012, S. 27.
18. Sieh nach den Sternen – gib acht auf die Gassen. Erinnerungen, a.a.O., S. 209f.
19. Ebd., S. 212.
20. Ufergedanken, a.a.O., S. 70.
21. Sieh nach den Sternen – gib acht auf die Gassen. Erinnerungen, a.a.O., S. 42.
22. Ebd., S. 79.
23. Ebd., S. 86.
24. Ufergedanken, a.a.O., S. 64f.

25. Hölderlin, Hyperion I,1, zitiert nach Werke und Briefe, hrsg. von Fr. Beißner u. Jochen Schmidt, Bd. 1, Frankfurt am Main 1969, S. 297.
26. Rainer Maria Rilke, Das Stundenbuch. Erstes Buch: Vom Mönchischen Leben (1899), zitiert nach: Gedichte. Zweiter Teil, Leipzig 1930, S. 175.
27. Gotteswahrnehmung. Wege religiöser Erfahrung, Gütersloh 2008, S. 216f.
28. Wie die Farben im Regenbogen. Sieben Bilder vom Reich Gottes, Stuttgart 1984, S. 7 u. 10.
29. Ufergedanken, a.a.O., S. 70.
30. Sieh nach den Sternen – gib acht auf die Gassen. Erinnerungen, a.a.O., S. 42.
31. Gottesgedanken. Vom inneren Weg eines Christen, Gütersloh 2012, S. 11f.
32. Dornen können Rosen tragen, a.a.O., S. 19f.
33. Ebd., S. 28.
34. Ebd., S. 32.
35. Ebd., S. 28f.
36. Ebd., S. 86.
37. Ebd.
38. Gotteswahrnehmung. Wege religiöser Erfahrung, a.a.O., S. 43.
39. Ebd., S. 60.
40. Die Urkraft des Heiligen. Christlicher Glaube im 21. Jahrhundert, Stuttgart 2003, S. 144.
41. Binde deinen Karren an einen Stern. Jörg Zink im Gespräch mit Meinold Krauss, a.a.O., S. 137f.
42. Dornen können Rosen tragen, a.a.O., S. 62.
43. Das Evangelium. Hundert Tage mit Jesus, Stuttgart 1995, Nr. 100.
44. Mit Heidi Zink, Wie Sonne und Mond einander rufen. Gespräche und Gebete mit Kindern, Stuttgart 1980, S. 14.
45. Ebd., S. 36.
46. Aufrecht unter dem Himmel. Wie man beten lernen kann, Stuttgart 1994, S. 15.

47. Ebd., S. 21.

48. Binde deinen Karren an einen Stern. Jörg Zink im Gespräch mit Meinold Krauss, a.a.O., S. 127.

49. Die goldene Schnur. Anleitung zu einem inneren Weg, Stuttgart 1999, S. 101.

50. Gottesgedanken. Vom inneren Weg eines Christen, a.a.O., S. 18f.

51. Die goldene Schnur. Anleitung zu einem inneren Weg, a.a.O., S. 26f.

52. Binde deinen Karren an einen Stern. Jörg Zink im Gespräch mit Meinold Krauss, a.a.O., S. 127.

53. Gottesgedanken. Vom inneren Weg eines Christen, a.a.O., S. 100f.

54. Ebd., S. 125f.

55. Ebd., S. 103ff.

56. Ufergedanken, a.a.O., S. 38f.

57. Ebd., S. 39.

58. Sieh nach den Sternen – gib acht auf die Gassen. Erinnerungen, a.a.O., S. 34.

59. Ufergedanken, a.a. O., S. 67.

60. Ebd., S. 66f.

61. Ebd., S. 72f.

62. Sieh nach den Sternen – gib acht auf die Gassen. Erinnerungen, a.a.O., S. 26.

63. Ufergedanken, a.a.O., S. 34.

64. Ebd., S. 35f.

65. Sieh nach den Sternen – gib acht auf die Gassen. Erinnerungen, a.a.O., S. 129.

66. Ebd.

67. Ebd., S. 142.

68. Ebd.

69. Ebd., S. 146.

70. Ebd., S. 149.

71. Ebd., S. 152.

72. Jesus. Funke aus dem Feuer. Durchgesehene Neuausgabe, Freiburg 2011, S. 350f.
73. Sieh nach den Sternen – gib acht auf die Gassen. Erinnerungen, a.a.O., S. 171f.
74. Ebd., S. 221.
75. Binde deinen Karren an einen Stern. Jörg Zink im Gespräch mit Meinold Krauss, a.a.O., S. 85f.
76. Ebd., S. 148.
77. Sieh nach den Sternen – gib acht auf die Gassen. Erinnerungen, a.a.O., S. 323.
78. Binde deinen Karren an einen Stern. Jörg Zink im Gespräch mit Meinold Krauss, a.a.O., S. 170f.
79. Sieh nach den Sternen – gib acht auf die Gassen. Erinnerungen, a.a.O., S. 328.
80. Ebd., S. 324.
81. Wie übt man Frieden? Über den Umgang mit dem Bösen und die Liebe zum Feind, Stuttgart 1982, S. 39.
82. Ebd., S. 17.
83. Sieh nach den Sternen – gib acht auf die Gassen. Erinnerungen, a.a.O., S. 331.
84. Binde deinen Karren an einen Stern. Jörg Zink im Gespräch mit Meinold Krauss, a.a.O., S. 84f.
85. Ebd., S. 164.
86. Sieh nach den Sternen – gib acht auf die Gassen. Erinnerungen, a.a.O., S. 335ff.
87. Binde deinen Karren an einen Stern. Jörg Zink im Gespräch mit Meinold Krauss, a.a.O., S. 143.
88. Kostbare Erde. Biblische Reden über unseren Umgang mit der Schöpfung, Stuttgart 1981, S. 39f.
89. Ebd., S. 36.
90. Ebd., S. 80.
91. Ebd., S. 65f.
92. Ebd., S. 112.
93. Ebd., S. 30.

94. Schöpfungsglaube. Alles ist gut, denn aus allem spricht Gott, Stuttgart 2006, S. 99.
95. Ebd., S. 39.
96. Ebd., S. 108.
97. Ebd., S. 113.
98. Ebd., S. 119.
99. Jesus. Funke aus dem Feuer, a.a.O., S. 18 u. 25.
100. Ebd., S. 21–23.
101. Sieh nach den Sternen – gib acht auf die Gassen. Erinnerungen, a.a.O., S. 249.
102. Erfahrung mit Gott. Einübung in den christlichen Glauben, Stuttgart 1974, S. 14f.
103. Schöpfungsglaube. Alles ist gut, denn aus allem spricht Gott, a.a.O., S. 121.
104. Ruf in die Freiheit. Entwurf einer zukunftsfähigen christlichen Ethik, Gütersloh 2007, S. 94.
105. Ebd., S. 73.
106. Ebd.
107. Jesus. Funke aus dem Feuer, a.a.O., S. 83f.
108. Ruf in die Freiheit. Entwurf einer zukunftsfähigen christlichen Ethik, a.a.O., S. 103.
109. Ebd., S. 128.
110. Ebd., S. 164.
111. Ebd., S. 86.
112. Ebd., S. 97f.
113. Ebd., S. 67.
114. Ebd., S. 49f.
115. Jesus. Funke aus dem Feuer, a.a.O., S. 232f.
116. Ruf in die Freiheit. Entwurf einer zukunftsfähigen christlichen Ethik, a.a.O., S. 13f.
117. Ebd., S. 15.
118. Gottesgedanken. Vom inneren Weg eines Christen, a.a.O., S. 151.
119. Vom Geist des frühen Christentums. Den Ursprung wissen – das Ziel nicht verfehlen, Freiburg 2011, S. 357f.

120. Ruf in die Freiheit. Entwurf einer zukunftsfähigen christlichen Ethik, a.a.O., S. 240f.
121. Vom Geist des frühen Christentums. Den Ursprung wissen – das Ziel nicht verfehlen, a.a.O., S. 359.
122. Ebd., S. 367f.
123. Gemeint ist: *seit der Zeit Konstantins des Großen.* Das offene Gastmahl. Gütersloh 2013, S. 178.
124. Ebd., S. 366f.
125. Ebd., S. 369.
126. Sieh nach den Sternen – gib acht auf die Gassen. Erinnerungen, a.a.O., S. 232.
127. Ebd., S. 236.
128. Ebd., S. 221.
129. Binde deinen Karren an einen Stern. Jörg Zink im Gespräch mit Meinold Krauss, a.a.O., S. 157.
130. Sieh nach den Sternen – gib acht auf die Gassen. Erinnerungen, a.a.O., S. 227.
131. Binde deinen Karren an einen Stern. Jörg Zink im Gespräch mit Meinold Krauss, a.a.O., S. 80f.
132. Ebd., S. 83f.
133. Ebd., S. 150f.
134. Ebd., S. 153.
135. Ebd.
136. Ebd., S. 71.
137. Ebd., S. 72.
138. Ebd.
139. Sieh nach den Sternen – gib acht auf die Gassen, a.a.O., S. 249f.
140. Bibelarbeit 32. DEKT Bremen 23. Mai 2009, zitiert nach dem Archiv des Deutschen Evangelischen Kirchentages, Dokument BAB_58_1444.
141. Die Urkraft des Heiligen, a.a.O., S. 422.
142. Aufruf zum Konzil des Friedens, Carl Friedrich von Weizsäcker 1985, Fest des Glaubens. Forum der Welt. 60 Jahre

Deutscher Evangelischer Kirchentag, hrsg. von Rüdiger Runge und Ellen Ueberschär, Gütersloh 2009, S. 46.

143. Sieh nach den Sternen – gib acht auf die Gassen. Erinnerungen, a.a.O., S. 372.

144. Ebd., S. 375.

145. Ebd., S. 381.

146. Die Stille der Zeit. Gedanken zum Älterwerden, a.a.O., S. 95.

147. Mehr als drei Wünsche, Stuttgart 1996, S. 6.

148. Die Urkraft des Heiligen. Christlicher Glaube im 21. Jahrhundert, Stuttgart 2003, S. 344.

149. Dornen können Rosen tragen, a.a.O., S. 64.

150. Binde deinen Karren an einen Stern. Jörg Zink im Gespräch mit Meinold Krauss, a.a.O., S. 106.

151. Ebd., S. 107.

152. Ebd., S. 111f.

153. Ebd., S. 112.

154. Ebd., S. 113.

155. Ebd., S. 136.

156. Gottesgedanken. Vom inneren Weg eines Christen, a.a.O., S. 51.

157. Die Urkraft des Heiligen. Christlicher Glaube im 21. Jahrhundert, a.a.O., S. 347f.

158. Ebd., S. 349.

159. Ebd., S. 348.

160. Dornen können Rosen tragen, a.a.O., S. 198.

161. Ebd.

162. Ebd., S. 202.

163. Die Urkraft des Heiligen. Christlicher Glaube im 21. Jahrhundert, a.a.O., S. 197f.

164. Sieh nach den Sternen – gib acht auf die Gassen. Erinnerungen, a.a.O., S. 133.

165. Die Stille der Zeit. Gedanken zum Älterwerden, a.a.O., S. 18.

166. Ebd., S. 59.

167. Wie wir beten können, neu gestaltete Ausgabe (20. Auflage), Stuttgart 2002, S. 244f.

Bildnachweis

S. 4/5: Gottfried Stoppel. Fotografie, Waiblingen. – S. 14, 24, 29, 35, 37, 44, 51, 65, 73, 86, 88, 100, 103, 105, 107, 109, 134, 145, 146, 204, 209, 213 (rechts) und S. 233: privat. – S. 15, 23, 174, 213 (links) und 236/237: Matthias Morgenroth, München. – S. 114: Marcus Werners, Düsseldorf. – S. 121: Freier Pressedienst Frieden, Alfred F. Müller, Stuttgart. – S. 124 und 144: Ernst Kirschner, Ostfildern-Nellingen. – S. 162: Vincent Böckstiegel, Bielefeld. – S. 181 und 205: Evangelisches Landespfarramt für Rundfunk und Fernsehen, Stuttgart. – S. 189: Süddeutscher Rundfunk. – S. 193: factum, Andreas Weise, Stuttgart.

Leider war es nicht in allen Fällen möglich, die aktuellen Rechteinhaber ausfindig zu machen. Wir sind dankbar für entsprechende Hinweise, Rechtsansprüche bleiben gewahrt.

Bibliografische Information der Deutschen Nationalbibliothek

Die Deutsche Nationalbibliothek verzeichnet diese Publikation in der Deutschen Nationalbibliografie; detaillierte bibliografische Daten sind im Internet über https://portal.dnb.de abrufbar.

MIX
Papier aus verantwortungsvollen Quellen
FSC® C006701
FSC
www.fsc.org

Verlagsgruppe Random House FSC® N001967
Das für dieses Buch verwendete FSC®-zertifizierte
Papier *Munken Premium Cream* liefert
Arctic Paper Munkedals AB, Schweden.

1. Auflage

Druck und Einband: CPI – Ebner & Spiegel, Ulm
Printed in Germany
ISBN 978-3-579-06591-5

www.gtvh.de